Trabajo de la

2 libros en 1

Cómo Añadir Un Toque Único A Su
Casa Con Instrucciones Completas
Paso A Paso Para Ideas De Madera
Baratas Y Fáciles | Proyectos Fáciles
Para Hacer Única Su Casa

Woody Brown

Índice de contenidos

LIBRO 1

Índice de contenidos

LIBRO 2

La Guía Definitiva para Trabajar la Madera

Una guía hecha a medida de los fundamentos del trabajo de la madera Consejos de seguridad, selección de herramientas y materiales, técnicas e ideas de proyectos de bricolaje para ayudarle a empezar

Woody Brown

INTRODUCCIÓN

Gracias por comprar este libro.

Todo el mundo tiene que empezar por algún sitio. Los trabajadores de la madera tienen que empezar a preparar su espacio de trabajo y a adquirir herramientas, y este libro tiene que empezar. ¿Por qué no combinamos las dos cosas y dedicamos esta parte a preparar nuestro espacio de trabajo para llegar a los proyectos mucho más rápido?

En esta parte, veremos cómo adquirimos el equipo que necesitamos para trabajar con la madera. A partir de ahí, hablaremos de cómo decidimos un espacio para construir, cómo iluminamos adecuadamente la habitación elegida y qué proyectos son los mejores para los principiantes.

La puesta a punto sigue siendo una de las partes más divertidas del aprendizaje de cualquier nueva habilidad. ¿A quién no le gusta tener en sus manos nuevos juguetes con los que jugar? Es como volver a ser un niño en la tienda de juguetes, sólo que esta vez es una ferretería y cuesta bastante más. Supongo que es una de las pocas decepciones que conlleva crecer.

No se puede ignorar el hecho de que puede costar un ojo de la cara poner en marcha un taller de carpintería. Es una habilidad que puede resultar increíblemente cara si no se tiene cuidado. O, por el contrario, es costosa si no se planifican las cosas adecuadamente. Soy un firme creyente de que la planificación marca la diferencia, tanto si se trata de planificar antes de un proyecto como si se trata de planificar la fabricación de su carpintería. Si planificas tus compras, descubrirás que te perjudican mucho menos el bolsillo y que tienen la ventaja añadida de no quedarse sin hacer nada y ocupar espacio.

Uno de los principales problemas a los que se enfrenta la gente cuando se lanza a equiparse sin planificar es que compra todo tipo de equipo que no necesita para el nivel de habilidad en el que está trabajando. Si estás en la etapa en la que estás haciendo casas de pájaros, entonces no necesitas una cepilladora de superficie. No tiene sentido. Sería mejor utilizar ese dinero en más madera para poder seguir practicando.

Es el equipo que comprarás cuando equipes tu carpintería. No compre todo lo que hay en esa parte de inmediato. Primero, quédate con lo básico. Asegúrate de tener un martillo, algunos destornilladores y una sierra. Puedes empezar con una sierra de mano, pero te recomiendo que adquieras una sierra de calar, ya que son increíblemente útiles incluso al principio.

Ponte un límite. Establece 200 dólares para equiparte y no te pases ni un céntimo. Siempre es tentador comprar más, y es fácil que un carismático empleado de la ferretería te venda más. Si te fijas un límite, sólo comprarás las herramientas necesarias.

Si no estás del todo seguro de que este método vaya a funcionar, te invito a que veas los proyectos en los que vamos a trabajar en este libro. Te darás cuenta de que incluso los proyectos más geniales pueden hacerse sin herramientas caras. Claro, esas herramientas caras a menudo aceleran el proceso, pero no son necesarias.

Dicho esto, si es absolutamente necesario comprar una herramienta enorme de entrada (porque simplemente quiere hacerlo), entonces consiga una sierra de mesa. Será una herramienta enorme que utilizará con mayor frecuencia cuando trabaje con madera.

No basta con querer empezar a trabajar la madera y comprar algunas herramientas. Todavía queda la gran pregunta de dónde trabajarás la madera. Podrías comprar tu equipo y empezar a trabajar en el comedor sobre la mesa, pero esto se ensuciaría rápidamente, y nadie querría volver a comer en esa mesa, debido al desorden. Así que es esencial elegir un lugar apropiado para trabajar.

¿Qué hace que un lugar sea apropiado para trabajar la madera?

A la hora de elegir un lugar, hay que equilibrar tres elementos: El tamaño, la ventilación y la electricidad. Es posible que quiera considerar otras cuestiones, como el calor o el frío del espacio y la cantidad de luz natural que entra en él; son estos tres elementos los que debe tener en cuenta al seleccionar un área para trabajar la madera.

El primero de ellos es el espacio, y es también el que más se explica por sí mismo. Si no tiene suficiente espacio en su taller de carpintería, no podrá trabajar en proyectos grandes. No podrá trabajar en varios de los proyectos de este libro sin un espacio suficientemente grande. Es fácil seleccionar un área mínima para la habitación, pero es casi imposible elegir una principalmente. En lugar de preocuparse por el tamaño perfecto, es más fácil observar un puñado de herramientas y calcular el espacio que necesitan.

Si comienza con algo pequeño, sin comprar herramientas de gran tamaño, puede trabajar en un espacio mucho más pequeño que el que necesitará cuando trabaje con muchas herramientas completas. Como mínimo, debe seleccionar un área que tenga suficiente espacio para dos mesas de trabajo, espacio de almacenamiento para su madera y una sierra de mesa con dos o tres pies de espacio libre a su alrededor. El resultado debería ser un área más grande de lo que necesitas al empezar, pero con espacio suficiente para que crezca y se convierta en un pequeño taller de carpintería decente. Dicho esto, no durará siempre. Te quedarás sin espacio, eventualmente con la compra de equipo adicional.

Otro elemento del tamaño que debe considerar, aunque no es necesario, es el tamaño de la puerta del taller de carpintería. Si está pensando en trabajar en proyectos más grandes, como mesas, cómodas, armarios y similares, tendrá que tener en cuenta cuánto espacio hay en la puerta. Es mucho más fácil introducir tablones de madera que sacar proyectos terminados. No hay nada más frustrante que terminar un bonito proyecto para descubrir que hay que quitar la puerta del taller de carpintería de sus bisagras para sacarlo. Vale, he mentido. Hay algo más frustrante: ¡no poder sacar el proyecto de la habitación aunque la puerta esté quitada! Puedes evitar esta frustrante experiencia seleccionando un espacio con una puerta grande, o al menos, deberías medir tu hueco para saber las dimensiones máximas que pueden tener tus proyectos.

Después de las consideraciones de espacio vienen las de ventilación. Se trata de una consideración de seguridad, ante todo, en la que no se puede escatimar en absoluto. Cuando se trabaja con madera, se levanta mucho polvo en el aire. Estas pequeñas partículas de madera pueden irritar gravemente los ojos, la garganta y los pulmones. Siempre recomiendo que la gente lleve mascarillas cuando corte o lije madera, porque esta basura suele salir despedida al aire en los momentos más extraños; a veces, basta con un martillazo intenso. No podemos esperar tener la mascarilla puesta en cada paso del proyecto, aunque sí deberías llevarla cuando lijes o serruches, así como cuando apliques un acabado (ya que los humos pueden ser bastante irritantes y se sabe que provocan náuseas).

Si invierte en ventilación, podrá mantener el aire limpio en el taller de carpintería. Es, con mucho, la forma más significativa de eliminar las partículas de polvo del aire para reducir la cantidad de irritación que se experimenta. Debería ser una obviedad, porque ¿quién quiere irritarse por sus aficiones? Mucha gente subestima el valor de una ventilación adecuada. Te recomiendo que compres un sistema de ventilación de gama media-alta y lo instales en tu taller. Si esto no es posible, puedes conformarte con una ventana y un ventilador potente para expulsar el aire de la habitación. Si todo esto falla, siempre tienes la opción de trabajar en el exterior, en cuyo caso no tendrás que preocuparte por la ventilación, ya que la madre naturaleza te la proporciona gratuitamente.

Finalmente, el último elemento clave que debes tener en cuenta a la hora de elegir un espacio es la electricidad disponible. Cuando estás empezando, esto no es tan importante, y por eso es el último de nuestra lista. Sin embargo, cuando tienes muchos equipos que consumen energía, empieza a ser importante. Lo primero que recomiendo, desde el principio, es que siempre apagues y desenchufes tu equipo cuando termines de trabajar con él. Cuando algo está enchufado, consume una pequeña cantidad de electricidad aunque esté apagado, así que desenchufarlo reduce la cantidad de electricidad que se desperdicia. También reduce la factura de la luz. La otra razón para abrir su equipo es la seguridad: no puede tropezar y encender accidentalmente la sierra de mesa si ha sido desenchufada.

Disfrute de su lectura!

LA SEGURIDAD ANTE TODO

Utilice siempre gafas y equipos de seguridad

Para su vista, será casi difícil realizar trabajos de carpintería. Cada parte de su cuerpo en un taller de carpintería tiene algún tipo de peligro. Su primera línea de defensa, como las gafas y las botas de seguridad, es el equipo de protección personal o EPI.

Su norma de trabajo en madera EPP debe incluir gafas de protección. Puede ser un cristal de seguridad en condiciones adecuadas con cubiertas laterales, o incluso una máscara completa. No obstante, asegúrese de que sus gafas cumplen los requisitos de la OSHA. Una seguridad ocular inferior es una mala inversión y una mala inversión.

La protección auditiva y respiratoria debe incluirse en el paquete de EPI. Para la protección de los oídos, hay tapones. Utilizará respiradores adecuados para su misión. Puede tratarse de una máscara antipolvo desechable cuando se utilicen productos químicos para cortar madera o de un dispositivo con filtro HEPA.

Llevar ropa adecuada

La ropa fina es también una parte de su equipo de protección. Su código de vestimenta para trabajar la madera debe dejar claro que lo que lleva puesto en el taller no es un peligro.

Lo único que quieres es un compromiso entre algo relajado y no regulado, pero que no sea demasiado cálido e incómodo. Las camisetas de manga larga son más frescas que los pantalones cortos y las camisetas, y los pantalones largos. La ropa de seguridad también se refiere al uso de guantes y zapatos en las condiciones adecuadas.

Evitar el uso de joyas

Los talleres de carpintería no son el lugar adecuado para colgar o quitar cadenas. Son tan indefensos que pueden quedar atrapados en cuchillas giratorias o correas que giran. Cuando el collar o la cuerda se atasca en un mandril, puede ser una tragedia peligrosa.

Cuando tenga una pieza de joyería rara, asegúrese de protegerla de los dispositivos. Fuera de la vista, meta las cadenas y los cordones. También debe decidir si el reloj que lleva es inseguro o si su teléfono está sonando en su tienda. Córtelo y guárdelo en el bolsillo si tiene la más mínima duda.

Desconecte la alimentación cuando cambie las cuchillas o las brocas

El mantenimiento de cualquier herramienta o equipo eléctrico que siga funcionando es totalmente peligroso. Una herramienta enchufable también debe considerarse como una herramienta de trabajo. Cualquier aparato que se energice está a la espera de utilizar el mando, y cuando se cambian las cuchillas o las piezas, se es especialmente vulnerable.

Asegúrese de no apagar el aparato intercambiando los bits o las cuchillas. Desenchufe el aparato o el disyuntor. También puede desconectar la capacidad de prestar atención adicional. Pero no importa cómo lo haga, asegúrese de que antes de realizar el servicio, ha desenergizado completamente su máquina.

No consumas drogas ni alcohol

Este consejo no hace falta decirlo. No obstante, es increíble cómo las personas discapacitadas pierden el juicio y deciden hacerse cargo de un proyecto de carpintería. Es una maniobra imprudente y puede provocar lesiones graves.

Es una estupidez beber alcohol antes o durante el trabajo de la madera. Lo mismo ocurre con los medicamentos recreativos como la marihuana, porque te hacen cambiar de opinión. Entonces hay que evitar las píldoras de prescripción legítima como los analgésicos y los antidepresivos. No se debe combinar con el trabajo de la madera, independientemente del contenido de la deficiencia.

Utilice cuchillas y brocas afiladas

Puede ser contraintuitivo, pero las cuchillas afiladas son cuchillas duraderas. También tenemos menos contragolpes, un aspecto problemático en el trabajo de la madera. Lo mismo ocurre con las piezas pequeñas del taladro. No se atascan ni se atascan como las brocas sin filo. La compra de hojas de sierra y piezas de alta calidad es una buena inversión. Lleve sus cuchillas y brocas a un afilador especializado. Deje que sus herramientas de corte no se desafilen nunca.

Comprobar si la madera tiene clavos

La madera recuperada es un producto muy extendido. La gente adora el aspecto y el tacto de la madera vieja. Sin embargo, en el interior de la madera vieja puede esconderse algo especialmente peligroso para el carpintero: los clavos originales del carpintero.

Cuando utilice madera, compruebe siempre si hay clavos u otros elementos de fijación. Las comprobaciones visuales están bien, y posiblemente se obtendrán clavos incrustados de agujeros indicativos. Sin embargo, su mejor apuesta es un detector de metales si utiliza mucha madera reciclada. Sea cual sea el dispositivo, asegúrese de atrapar los clavos viejos hasta que destruyan o dañen las hojas de la sierra.

Trabajar contra el cortador

Casi todos los trabajadores de la madera con experiencia saben cómo luchar contra la cizalla. Significa llevar el trabajo, siempre que sea posible, a la herramienta de corte. Es más fácil alimentar una cuchilla inmóvil que empujarla sobre la superficie del trabajo. Trabajar con la cizalla reduce la posibilidad de un peligroso contragolpe.

Sin embargo, muchos carpinteros experimentados y aficionados ocasionales no entienden este consejo de seguridad vital. Esto se debe a que nunca han sabido cómo luchar contra la cizalla. No les resulta familiar ni sencillo. Por lo tanto, asegúrese de trabajar contra sus herramientas de corte la siguiente vez que esté en su taller.

Utilice un solo cable de extensión

¿Alguna vez ha visto a alguien utilizar herramientas eléctricas y varios cables alargadores? Seguramente habrá notado una caída reciente, por no decir un peligro para la seguridad, con una maraña de cables entrelazados. A menudo parece que dejamos de trabajar cuando uno o más lazos están sueltos.

Considere una práctica habitual utilizar un único cable alargador a una distancia superior a la que requiere la longitud conectada cuando utilice herramientas eléctricas. Además, asegúrese de utilizar un cable fuerte que proporcione suficiente potencia a distancia. Sus recursos se lo agradecerán si no tiene problemas de dinero. Además, podrá trabajar de forma más cómoda y eficiente sin la posibilidad de utilizar varias sierras o herramientas eléctricas.

Nunca se debe pasar la mano por encima de una cuchilla en funcionamiento

Pasar por encima de una hoja en funcionamiento es uno de los elementos más peligrosos de su taller. Es muy probable que resbale y deje caer el arma. Muchos trabajadores de la madera han sufrido lesiones graves o permanentes al cruzar un arma en movimiento.

No olvide nunca la importancia de los protectores de las cuchillas. Asegúrese de que siguen en su sitio.

Minimizar las distracciones

No sólo es molesto estar repentina o constantemente distraído en tu taller: es peligroso. Las distracciones te quitan los ojos y la mente y los ponen en otra parte. Pueden dejar al descubierto tus manos y tus dedos.

Hay muchas formas de distracción. Por lo general, se trata de alguien que entra en su tienda de forma inesperada. También pueden ser fuentes externas, como la radio o el ruido del coche. El teléfono móvil es una de las cosas que más distraen en los talleres actuales. Deja el teléfono en otra habitación para evitar distracciones peligrosas.

Pida ayuda cuando la necesite

Este consejo de taller podría salvarle de graves daños. No intente ser un héroe si trabaja con un objeto pesado o voluminoso. No hay que avergonzarse de pedir ayuda. Es peligroso intentar y realizar actividades que están más allá de tus límites físicos. Puedes sufrir lesiones graves, como el contacto directo con una cuchilla de trabajo o una distensión muscular que provoque dolor de espalda. Puedes evitarlo simplemente pidiendo ayuda cuando sea necesario.

Nunca trabajes cuando estés cansado

Otro tipo de discapacidad es el cansancio. El cansancio limita la concentración y las capacidades cognitivas. El cansancio y la somnolencia perjudican tu juicio y alteran tus procesos cognitivos casi tanto como el consumo de alcohol y drogas.

 Si te sientes agotado o lento, piénsatelo dos veces antes de trabajar en tu taller. Dígase a sí mismo si el trabajo debe ser completado. Quizá sea mejor echarse una siesta o incluso aplazar el proyecto hasta que duerma bien.

Sujete firmemente las piezas de trabajo

Los materiales sueltos e inestables de la carpintería pueden ser perjudiciales. Puede perder el control y lanzarse desde la mesa de la sierra o el banco de trabajo. Se convierte en un misil en el taller y hace que cualquier persona sea vulnerable a los daños en las líneas de fuego.

Sujete las piezas bien cerradas. La presión de su mano será suficiente para las piezas pequeñas. Pero asegúrese de utilizar una sujeción mecánica para las piezas grandes. Hay muchas formas de sujeción disponibles y le animan a ser creativo.

Tómese su tiempo para leer el manual de la herramienta antes de utilizarla

Piensa en la última vez que pasaste el manual después de comprar o adoptar una nueva herramienta. ¿Ha leído y recordado bien lo que decía?

A los fabricantes les cuesta mucho elaborar manuales para los propietarios. Lo hacen porque quieren que su compra tenga todas las ventajas. También crean manuales porque quieren que trabajes con seguridad. Tómate el tiempo necesario para leer el manual. Hay mucha información sobre seguridad.

Limpiar el serrín

Una tienda limpia es una tienda segura, mientras que una tienda sucia es un deporte peligroso. Mantener un almacén de madera limpio es el sello de un buen carpintero.

En los talleres de carpintería, el serrín es un subproducto inevitable. Puedes resbalar, respirar y dejar que las cosas te bloqueen la vista. Eso no ocurrirá si se limpia el serrín todo el tiempo.

Mantenga la cubierta de la hoja en las sierras siempre que sea posible

Algunas herramientas eléctricas con cuchilla vienen con una cubierta suministrada por el fabricante. Por una razón, están ahí, y es para mantenerle seguro. Mantener las cubiertas de las cuchillas les permite hacer su trabajo.

Si es necesario retirar la cubierta de la cuchilla, asegúrese de hacerlo de forma segura. Desenergice su instrumento y mantenga la cubierta de la cuchilla todo el tiempo que sea necesario. Y tire de su superficie antes de volver a trabajar.

No intente liberar una cuchilla atascada hasta que no esté apagada.

Cuando se trabaja mucho con la madera, las cuchillas se calan. Los principiantes son más propensos que los mayores a que las cuchillas se calen. Los veteranos de la carpintería saben cómo evitar que las cuchillas se calen.

Otra cosa que sabía el carpintero era no soltar nunca una cuchilla atascada hasta que no se le quitara la fuerza. Es una regla del cardenal. Las herramientas con energía pueden arrancar y dañarte inesperadamente. Asegúrate de que tu máquina no tiene energía cuando sueltas una cuchilla calada.

Utilice palos de empuje o almohadillas cuando utilice una sierra, una mesa de fresado o una afiladora

Cuando se utiliza una sierra de mesa, una sierra de cinta, una mesa de fresado, un afilador, los palos de empuje y las almohadillas sirven para ahorrar dedos y manos. Es peligroso acercar demasiado los dedos a las cuchillas, bandas y radios que giran. De nuevo es innecesario.

Comprométase con la seguridad del taller de carpintería y utilice siempre un empujador o un palo cuando esté en contacto con la herramienta de corte. Estos soportes no tienen que ser lujosos ni caros, pero son necesarios.

Utilice herramientas bien mantenidas

Conservar sus instrumentos es otro signo de un buen carpintero. Ha invertido mucho en su conjunto de recursos y quiere conservarlo. El mantenimiento del equipo estándar forma parte de la operación.

Tendrá muchas ventajas con las herramientas bien mantenidas. Además de una mayor durabilidad y un mejor rendimiento que los equipos desgastados, las herramientas bien cuidadas son más seguras. La seguridad forma parte de su plan de trabajo con la madera. Las herramientas bien cuidadas le ayudan a conseguirlo.

Hacer un curso de formación

La carpintería es como otras actividades artísticas: cuanto más se hace, mejor se hace. Este pensamiento también tiene otra cara. Cuanto más feliz seas, más sabrás sobre la carpintería.

Has gastado mucho con tus herramientas. ¿Qué pasa con tu inversión en habilidades? Intenta hacer un aprendizaje. Podría ser el mejor lugar para invertir tu tiempo y tu dinero.

Utilizar el sentido común

El mejor consejo que podemos darte es que uses el sentido común cuando trates con madera. Vaya despacio, tenga paciencia y piense bien lo que hace. Y asegúrate de trabajar con sentido común.

TIPOS DE MADERA

Aquí tienes una lista de las mejores maderas que puedes utilizar para trabajar la madera:

Roble

Es la madera dura más utilizada. Es maciza y tiene un color claro. Se suele utilizar para diseños de carpintería inglesa y americana.

Fuente de la foto: wood-database

Arce

Hay unas 115 especies de arce. Algunas son duras y otras blandas. El arce duro es demasiado difícil de trabajar. Así que, si eres principiante, es mejor trabajar con arce blando.

Cedro

Es una madera rojiza relativamente blanda. Tiene un grano recto y huele perfectamente. El cedro es el mejor para los proyectos de mobiliario de exterior, como las mesas de patio, porque puede soportar las zonas húmedas.

Abeto

Esta madera tiene un tinte pronunciado, recto y de color marrón rojizo. Se utiliza a menudo para la construcción, pero como es relativamente barata, se suele utilizar también para la fabricación de muebles.

Pino

Fuente de la fotografía: straightforward

Es la elección perfecta para los principiantes porque es barata y fácil de trabajar. También es ideal para tallar. Pero debe evitar utilizarla si va a fabricar un mueble sofisticado, como un sofá de madera, una mesa de comedor o una cama intrincada.

Redwood

Se suele utilizar para muebles de exterior por su excepcional resistencia a la humedad. Tiene una veta recta y su color es rojizo. No es barato, pero tampoco es caro.

Fresno

El fresno tiene un grano recto y, al igual que el pino, es fácil de trabajar.

Abedul

Hay dos tipos de abedules: el blanco y el amarillo. Esta madera es fácilmente disponible, y es

más barato que muchas maderas duras. Es estable, y también es fácil de trabajar.

Cereza

Es fácil encontrar madera de cerezo. Tiene un color marrón rojizo, y se utiliza habitualmente para la carpintería y la fabricación de muebles. Esta madera es fácil de trabajar, pero es relativamente más cara que el arce o el roble.

Caoba

Es una de las maderas más fantásticas para muebles. Tiene un color marrón rojizo y es increíblemente duradera. Acepta bien los tintes, por lo que solo tendrás que aplicar una capa de barniz para darle un aspecto pulido.

Álamo

Es una de las maderas duras menos caras. Es suave y se trabaja sin esfuerzo. Es la elección correcta de los cajones. Es estable.

Teca

Es un tipo de madera dura poco común, pero es perfecta para los muebles de exterior. Es resistente a la intemperie y también es hermosa. Tiene un color marrón dorado y un tacto aceitoso.

Nogal

Es fácil de trabajar, y esto es perfecto para proyectos grandes como camas de matrimonio o mesas de comedor. El nogal también es bastante caro.

Recuerde que en el trabajo de la madera, la calidad de la misma lo es todo. Pero, si es un principiante, es mejor elegir las maderas más fáciles de trabajar. Luego, a medida que progreses, podrás utilizar maderas más difíciles y más caras.

HERRAMIENTAS MANUALES O

ELÉCTRICAS

Equipamiento básico

Sin el equipo adecuado, no se puede tener un taller. Un trabajador de la madera debe tener una colección adecuada de equipos necesarios. Hay algunas sierras de mano distintas, con dientes estándar que se utilizan en el fresado de madera y en los cortes transversales y al hilo. Tenga en cuenta que su taller requerirá equipamiento, independientemente de que sea un carpintero con preferencia por las herramientas manuales o eléctricas. Se necesitarán varias reglas e instrumentos de medición, como el SAE. Puede empezar con unas cuantas cajas de nivel de dos pies; ayudan a mantener el nivel de las cosas y a sujetarlas durante la instalación, y también pueden utilizarse como un par de palos giratorios mientras se nivelan las superficies de madera en combinación con esos cepillos de mano. También querrá un par de ayudas para el etiquetado, además de productos de etiquetado suave como lápices, punzones y rotuladores. Otra buena inversión será una escala para marcar o, en la medida de lo posible, un calibrador de cajeado. Una sierra circular decente debería incluirse en las herramientas eléctricas portátiles junto con una sierra de calar. Los agujeros estrechos y las fijaciones de largo recorrido sin esfuerzo requieren un conjunto de taladro y carraca a pilas. El taller de carpintería está completo sin una lijadora orbital, también? Si planea utilizar algún equipo estacionario para lanzar su tienda, una buena sierra de inglete es una opción razonable para los principiantes. El uso de una planificadora puede ayudar en las especificaciones de las existencias, y para la perforación súper precisa, una prensa de perforación es útil. Por último, asegúrese de tener en el almacén el equipo de protección necesario. Debería necesitar al menos un par de gafas para la intimidad, protección para los oídos y unos guantes. Un taller sano es un almacén limpio, por lo que, aunque tenga una máquina de limpieza de polvo, querrá una cuba de almacén para mantener las zonas de trabajo ordenadas.

Herramientas de organización

Somos conscientes de que es fundamental coordinarse. Es una experiencia agradable y saludable crear y mantener su taller organizado. Pasará una buena parte de su tiempo haciendo un trabajo real, en lugar de buscar y clasificar para el equipo. Los cofres de herramientas son la forma perfecta de guardar las cosas mientras no están en funcionamiento. Esos cofres son más significativos que una caja de herramientas, lo que significa que puede guardar más artículos rápidamente. Puede recibir una gama de diseños que incorporan recursos innovadores para satisfacer sus necesidades. Los tableros de clavijas fuera de los arcones son perfectos para construir un mercado formal. Fijar los tableros de clavijas sobre su banco le ayuda a instalar perchas que están más allá de la longitud de su brazo. En esos colgadores y en cosas como las cintas, podrá guardar algunas herramientas de mano cuando las necesite. Los colgadores de techo montados que guardan los cables eléctricos y las luces adicionales que funcionan son otra opción de almacenamiento que vale la pena explorar. Varias personas utilizan sus colgadores de techo en combinación para sostener las escuadras en T y la madera de las vigas en I, las mangueras de aire y las alturas masivas de carpintero de seis pies. Si no tiene espacio para todos sus sujetadores de diferentes tipos, puede utilizar una bolsa de herramientas o una bolsa de cubo para ponerlos fuera del camino. Hablando de bolsas de herramientas y cajas, la cantidad de cosas que deben guardarse debajo de su banco de trabajo en tales contenedores le asustaría.

Equipos portátiles

En su tienda, las máquinas fijas más gigantes serán las principales responsables. No será así si tiene que operar en una amplia oficina de miles de metros cuadrados. Aunque encajar una sierra de mesa decente en el armario puede ser difícil, algunas de las mejores sierras de mesa híbridas vienen equipadas con ruedas y herrajes para ayudarlas a desplazarse cuando sea necesario. Es posible que tenga que pedir o añadir alguno si no dispone de estos herrajes en sus instalaciones. Para mantener sus herramientas eléctricas seguras, hay muchas mesas de repuesto disponibles incluso mientras están en servicio. Si es necesario, encontrar una de estas ruedas le permitiría llevar una herramienta eléctrica a la zona de trabajo de su taller, al tiempo que le permitiría apartarla mientras no está en funcionamiento. Otra técnica es la de las mesas plegables. Si no la necesita, una mesa con soportes montados en la pared puede sacarse del diseño. Si está empezando, consiga un par de caballos de sierra para colocar un panel o una puerta. Los que se construyen y caen rápidamente.

Medir y marcar la madera

Pesar implica equiparar un elemento con otro. Utilizamos reglas marcadas en pies y pulgadas, metros y centímetros, para facilitar el traslado de las medidas. Poner uno contra otro es la forma más fiable de comparar piezas, evitar el uso intermedio de la ley y eliminar una posible fuente de error. En la práctica, se pueden comprobar varios componentes de esta manera. Por ejemplo, un calibre podría ajustarse a la anchura de un cincel, en lugar de utilizar alguna medida arbitraria para determinar el tamaño del corte cuando varias secciones de ensamblaje tienen que ajustarse a requisitos de longitud específicos. Las ubicaciones de las juntas y el tamaño de los estantes u otros elementos tienen que encajar. Es mejor utilizar el borde de una pieza de madera marcada con las posiciones destacadas para marcar las piezas del trabajo, en lugar de medir cada una con una regla por separado. Dado que la madera no puede trabajar con las tolerancias del metal, no tiene sentido para el trabajo de la madera medir dispositivos que se ajusten a los límites aceptables. Naturalmente, las piezas deben coincidir, pero la expansión y contracción natural de la madera anularía la ingeniería de precisión. Para la mayoría de los propósitos de la carpintería se necesita una regla u otro dispositivo de medición con divisiones inferiores a 1/16 de pulgada o 1 milímetro. En el pasado, los carpinteros utilizaban reglas rígidas, en su mayoría plegadas para facilitar su transporte, pero las juntas complicaban el marcado de precisión en las proximidades.

Herramientas de medición y marcado

Desde la línea de tiza primaria hasta el calibrador de bisel, hay bastantes herramientas manuales disponibles para ayudar a medir y marcar sus diseños. Naturalmente, todo trabajador de la madera tiene una buena cinta métrica, quizás incluso dos o tres. Y la mayoría de los trabajadores que no son de la madera poseen al menos una cinta métrica. Es posiblemente la unidad que más se utiliza dentro o fuera del taller. Las cintas métricas son ideales para medir tablas largas sin tener que llevar una regla o una cinta plegable: muchos vídeos escalan el progreso en incrementos de 1/16" o 1/32". La regla regular de 1', la vara de medir y la regla de 3' son otros productos de los que probablemente reciba mucho uso en su tienda. Todos ellos pueden utilizarse para el cálculo de líneas rectas y el dibujo. Los dispositivos de medición más versátiles e imprescindibles son las cintas métricas de 25' o 30', las escuadras de 6" y 12" de longitud, y el medidor de ángulos manual o cartabón en T deslizante, que es una herramienta extremadamente flexible que permite encontrar el ángulo exacto con exactitud. Otro método extraordinario es la escuadra central, que puede utilizarse en un objeto circular para localizar el centro. Por ejemplo, basta con colocarla en el extremo de una espiga, alinearla con las dos clavijas de abajo, hacer una raya en forma de cruz en cualquier dirección, y ya está: ahí está el centro. La mayoría de las veces, los calibradores extremos miden los espesores de los objetos que se giran en el torno. También parecen funcionar de forma excelente en los muebles nuevos para el cambio de husillo; puedes usarlos para calcular la clavija que va en el asiento o el respaldo.

Herramientas manuales y eléctricas

Entonces, ¿cuál es la diferencia entre las herramientas manuales y las eléctricas? Las herramientas manuales requieren básicamente el trabajo manual del carpintero. Mientras que las herramientas eléctricas, obviamente, no requieren trabajo manual, sino que pueden funcionar automáticamente. La fuente de las herramientas eléctricas puede ser la batería, la electricidad o el compresor de aire.

Las herramientas manuales se componen de piezas simples y básicas que uno puede arreglar fácilmente si alguna vez se rompen. Por otro lado, las herramientas eléctricas se componen de motores o engranajes que es la razón por la que funciona. Por lo tanto, la razón por la que si alguna vez sus herramientas eléctricas se rompe puede necesitar un técnico para ser arreglado.

En una mirada mucho más cercana, los beneficios de las herramientas de mano no sólo incluyen sus partes básicas, sino que también permite que el trabajador de la madera para hacer uso de ella con más control y resultados más finos que hace que sea más adecuado para su uso, especialmente en la talla de madera. Además, está siempre disponible para su uso, ya que no necesita fuente de alimentación. No sólo se puede utilizar en cualquier momento, sino también en todas partes. Como las herramientas manuales son ligeras y normalmente pequeñas, puede llevarlas a cualquier parte.

Si hay inconvenientes con las herramientas manuales es, por supuesto, la energía que hay que emplear para utilizarlas, especialmente si se trata de una tarea pesada y tediosa. También se necesita mucho tiempo para terminar una tarea en comparación con las herramientas eléctricas.

La mayor ventaja de las herramientas eléctricas es que dependen de otra fuente de energía para funcionar. Hace que el trabajo sea más fácil de hacer ya que no requerirá mucha de su energía. También da un resultado más preciso, especialmente cuando se está cortando madera, los resultados son en términos más simples más rectos.

TÉCNICAS DE CARPINTERÍA

Medición de la madera

Medir la madera es el primer paso en casi todos los proyectos.

El lápiz que utilizas para las mediciones puede parecer una tontería, pero influye en la precisión de las medidas. Si ya has comprado un lápiz de carpintero, tómate un momento y traza una línea con él. Esta línea será gruesa. Tendrá un grosor de aproximadamente un dieciseisavo de pulgada. Es una línea lo suficientemente grande como para que tengas una diferencia bastante grande en el tamaño de tu madera, dependiendo de qué lado de la línea hagas tu corte. No está tan mal para proyectos a gran escala con espacio para un poco de variación, pero querrás un lápiz más fino como uno con mina 5H para proyectos justos. Un lápiz 5H hace una línea notablemente más fina que el lápiz de carpintero, lo que significa más precisión.

Cómo cortar madera

Cortar la madera es una de las experiencias más comunes que todo carpintero comparte. Al fin y al cabo, no se puede hacer casi nada sin antes dar forma y tamaño a la madera. El primer paso en el proceso de corte es medir y marcar las tablas adecuadamente. Al hacer estas marcas, hay que tener en cuenta qué lado del impacto del corte debe ir. Si está cortando la tabla desde la izquierda, entonces el corte a la izquierda de la marca podría hacer que fuera demasiado corto, mientras que el corte a la derecha de la marca podría hacer que fuera demasiado largo. A menudo, queremos cortar sobre la propia marca, pero no siempre es así. A veces, es mejor cortar un poco demasiado largo y luego quitar lo que sobra con el tiempo. Yo recomendaría a los principiantes que cortasen demasiado largo y luego lijasen los milímetros de más cuando fuese necesario.

Antes de llegar a nuestras sierras eléctricas, una breve mención a las sierras de mano, estas son increíblemente fáciles de usar. La línea que vio por encima de su marcador de medición y empezar a trabajar para su mano de ida y vuelta. Usted va a querer cortar con sus tablas ya sea colgando en el aire, o cuando dos caballos de trabajo lo sostenían, o usted querrá tener una superficie sólida debajo de la cual no tiene miedo de cortar. Como una sierra de mano requiere que hagas el corte físicamente, puedes simplemente pegar una tabla de cortar debajo de tu marcador de medidas. Una vez que golpeas la tabla de cortar, dejas de trabajar con la sierra, y estás listo para ir. Esto sólo se aplica realmente a las sierras de mano porque puede dejar de cortar en el momento en que se produce el avance. En cambio, una sierra eléctrica tardará uno o dos segundos más en registrar el final del corte, y en este tiempo, la hoja puede causar daños innecesarios.

Pasando a la sierra de calar, nos encontramos con mi sierra favorita. La sierra de calar es excelente porque puede utilizarse tanto para cortes curvos como para cortes rectos. Muchas de las sierras que utilizamos en la carpintería son mejores para los cortes rectos, por lo que tener la flexibilidad que ofrece la sierra de calar es siempre bienvenido. Las sierras de calar sólo deben utilizarse para realizar cortes en tablas que estén colgadas al aire libre. Puedes intentar usar una tabla de cortar o cortar en una mesa de trabajo que no te importe dañar, pero incluso en estos casos, yo diría que cortar al aire libre es la mejor opción. Queremos asegurarnos de que nuestra madera está bien sujeta, o es probable que la cortemos de forma inadecuada, curvando donde deberíamos ser rectos, por ejemplo.

La sierra circular es más adecuada cuando se necesita hacer una línea recta de cualquier tamaño real. Es más fácil y rápido pasar la sierra circular por una tabla que hacer el mismo corte con la sierra de calar. Sin embargo, la hoja de la sierra circular es mucho más grande que la de la sierra de calar, así que es mejor dejar las cantidades pequeñas para esa herramienta. Estas dos sierras tienen más en común de lo que se podría suponer a primera vista. A pesar de su aspecto, la sierra circular corta cuando la hoja sube y no cuando baja. Esto significa que, a grandes rasgos, puedes seguir los mismos consejos sobre el lado limpio que hiciste con la sierra de calar. Al igual que con la sierra de calar, te recomiendo que practiques algunos cortes desde diferentes ángulos, utilizando diferentes velocidades si la sierra circular que has comprado es ajustable, y trabajando con la opción de eliminación de polvo. La sierra circular tendrá algunas opciones más con las que deberías jugar, como la posibilidad de ajustar la profundidad del corte para poder trabajar con tablas más gruesas o más finas.

Utilizamos nuestras sierras de inglete cuando queremos hacer cortes con un ángulo o inclinación determinados. La sierra en sí tiene más en común con una sierra de mesa que con una sierra circular o una sierra de calar porque es fija. Tenemos que colocar nuestra pieza de madera en la base de la sierra de inglete y luego usar una mano para tirar de la sierra hacia abajo para hacer nuestro corte. Como no estamos sujetando la sierra, sino la madera, es relativamente fácil hacerse daño con una sierra de inglete, por lo que siempre hay que utilizarla con precaución. Una forma de reducir el riesgo de lesiones es utilizar las abrazaderas que ha comprado para sujetar la madera.

Perforar agujeros correctamente

Taladrar un agujero es otra experiencia común que los trabajadores de la madera deben dominar. Se hacen agujeros para poner tornillos. Perforará agujeros para poner pernos. Perforará agujeros para las bisagras. Perforarás agujeros simplemente porque necesitas arreglos, como cuando tienes que permitir que entre oxígeno en una caja. En pocas palabras, harás muchos agujeros.

Taladrar un agujero es fácil, pero hay un par de trucos que harán que su técnica sea mucho más sencilla. Hay que tener en cuenta que la perforación no pasa por diferentes materiales. Puedes hacer un pequeño agujero en un trozo de madera y luego ir directamente a la broca que se ajuste al tamaño que buscas para tu agujero. Otros materiales requerirán que empiece con una broca pequeña para crear un agujero pequeño y luego pase a una broca más grande, luego a una más grande, hasta que llegue al tamaño deseado. Es la técnica que utilizamos cuando perforamos un agujero en algo como el plexiglás. No te preocupes, y no usaremos esta técnica extendida en el libro. Sólo quería asegurarme de que entiendas que aprender a hacer agujeros en la madera no significa que domines la perforación en general.

Entendimiento Clavos, tornillos y pernos

A menudo necesitamos conectar dos piezas de madera. Podemos hacerlo mediante un elemento de fijación como un clavo, un tornillo o un perno. La otra forma de unir dos piezas es con pegamento, así que lo veremos en un momento.

Clavos: Los clavos son una de las piezas de carpintería más fáciles de entender. Un clavo es un tubo metálico con una punta afilada en un extremo para poder introducirlo en una tabla y una cabeza plana en el otro extremo para que se detenga por sí solo una vez que llegue al final. Los hay de diferentes tamaños y formas. Incluso se pueden encontrar en varios metales, aunque el acero es el más común. Entender el tamaño de un clavo es sencillo. Cuanto más madera o más gruesa sea la madera que necesitas que el clavo atraviese, más largo tiene que ser el clavo. Por su forma, veamos algunos para hacernos una idea.

Clavos de caja: Los clavos de caja tienen un diámetro pequeño y son ligeros. Se utilizan para proyectos que no van a estar sometidos a mucha tensión y son bastante comunes para su uso en el hogar.

Clavos comunes: Los clavos comunes se utilizan en los trabajos de construcción porque tienen una cabeza gruesa que los hace lo suficientemente estables como para atravesar muchos tipos diferentes de madera o material. Son los clavos que se utilizan con más frecuencia y están disponibles en muchos tamaños diferentes.

Clavos ondulados: A veces llamados clavos ondulados, son clavos que se utilizan para juntas en las que se desea que se doblen un poco en lugar de mantener una posición rígida y robusta.

Clavos para tablarroca: Estos clavos suelen tener una cabeza dentada. Se utilizan para sujetar los paneles de yeso en su lugar, lo que requiere mucha fuerza. Si necesita un clavo de alta resistencia, vale la pena considerar el clavo para paneles de yeso.

Tachuelas: Las tachuelas son pequeños clavos redondos que se suelen poner sin necesidad de martillo. Se utilizan más a menudo para conectar la tela a la madera que para utilizarla sola.

Tornillos y pernos: Los tornillos son más resistentes que los clavos. También existen en muchas formas y tamaños diferentes. El roscado helicoidal a lo largo de su cuerpo los define. Para que el tornillo penetre en la madera es necesario retorcerlo o atornillarlo, mientras que un clavo se golpea con fuerza bruta. Los clavos se colocan en un proyecto para sujetar las cosas en su sitio, pero no se pueden quitar fácilmente, por lo que son muy poco adecuados para cualquier cosa que haya que desmontar después. Los tornillos ofrecen más fuerza y la posibilidad de retirarlos rápidamente.

Encolado de madera

Existe la cola amarilla para exteriores, que es la mejor para los proyectos de exterior. Suele ser resistente al agua, pero no soporta la exposición constante a la humedad. Luego está la cola blanca, a veces amarilla, para interiores, que no ofrece ninguna resistencia al agua. La cola líquida para cuero se utiliza sobre todo para los muebles de interior. La cola de poliuretano es resistente al agua, por lo que es lo que se quiere utilizar para la exposición a largo plazo. Por último, el epoxi se utiliza para rellenar agujeros y huecos y también es impermeable.

Creación de juntas finales

La creación de las juntas finales que se van a unir podría ser, y a menudo lo es, anterior al encolado, pero no siempre es así. Comprenda que una junta final bien elegida puede facilitarle el encolado. Hay ocho tipos de uniones principales que vamos a ver. Se trata de formas y cortes diferentes que se unen para crear un sello más hermético entre las piezas de madera, por lo que elegir la correcta para el trabajo adecuado requiere un poco de conocimiento.

Lijar correctamente la madera

El papel de lija viene en diferentes números de grano. Las encontrará en números como #30, #60, #80, #150, #220. Estos son algunos ejemplos, ya que se pueden encontrar lijas increíblemente finas con granos enormes. También se puede encontrar prácticamente todo lo que hay entre medias. Puedes encontrar mucha información sobre la cantidad de grano perfecta para diferentes proyectos o maderas. Honestamente, mucha de esta información es una preferencia personal más que una regla real, pero lleva a la confusión sobre qué número de grano es el mejor.

10 PROYECTOS AL AIRE LIBRE PARA PRINCIPIANTES

1. <u>Tumbona de palets</u>

Antes de empezar a trabajar, debes utilizar gafas de seguridad y una sierra para cortar la madera. Asegúrese de equiparse para utilizar una sierra para evitar cualquier accidente.

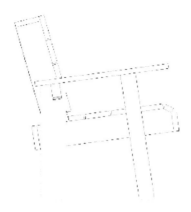

Desmontar palets

Al comienzo de su trabajo, desmonte todos los palés y utilice un martillo de orejas para hacer palanca. Esto le ayudará a fragmentar las tablas. Es posible que se separen fácilmente debido a que su estructura húmeda los hace fáciles de separar. Será útil dejarlas secar para facilitar el trabajo. Necesitará una paleta de 40 pulgadas por otra de 40 pulgadas. Puedes utilizar un palé para diseñar una silla. Será útil cortar la paleta por la mitad, por ejemplo, de 20 pulgadas.

Necesitará dos tablas de 2 pulgadas por 3 pulgadas a casi 45 grados, y puede ser casi 1 pulgada y ½ pulgada de las esquinas.

Asegúrese de tener tablas de 2 por 3 pulgadas para cortarlas de 18 pulgadas con un ángulo de 10 grados en un extremo.

Es esencial tener dos tablas de 1 pulgada por 4 pulgadas, y éstas serán de 20 pulgadas con el ángulo de 10 grados en un extremo.

Disponga dos tablas de 2 pulgadas por 3 pulgadas de grosor para cortar casi 16 pulgadas con el ángulo de 10 grados de un extremo.

De las tablas de 16 pulgadas pueden quedar dos trocitos de 4 pulgadas que funcionan bien para el reposabrazos.

Rasgue una pieza de 1 pulgada por 4 pulgadas para la parte delantera más alta del asiento. Haga una muesca con cuidado en todas las esquinas de los brazos para apoyarlos.

Puede utilizar tornillos de cubierta o clavos para unir todas las maderas. La cola es otra opción para unir todas las juntas y encajarlas.

2. Estantes para plantas en el patio

Si quieres hacer un conjunto de estanterías para tu cocina, debes comprar un palé de madera duradero, sin tratar o tratado térmicamente.

DEBERÍAS TENER:

- Papel de lija

- Taladro, nivel y martillo

- Dos paletas de madera

- Tornillos para madera

- Madera, dos por cuatro pulgadas

- Sierras y clavos

- Pintura y pincel

- Anclajes de pared

INSTRUCCIONES:

1. En el primer paso, tienes que lijar la superficie de la madera para conseguir palets de superficie lisa. Puedes utilizar la parte inferior de cada palet.

2. Se utilizarán tornillos para madera y taladros para fijar los palés. Mantenga un palé en la parte superior de cada palé en la misma dirección. Las partes inferiores se agarrarán a los estantes.

3. Calcule la anchura del interior del palet superior y corte la madera del tamaño de 2 por 4 pulgadas. Inserte esta madera en la dirección horizontal en la paleta y manténgala a 6 a 8 pulgadas de la parte

superior de la madera.

4. Comprueba el nivel de la madera para asegurarte de que está uniforme antes de mantenerlo en la parte superior de la madera. Asegure el estante con el uso de martillo y clavos. Repita el mismo proceso para cada estante.

5. Puedes pintar las estanterías o dejarlas sin terminar para conseguir un aspecto rústico. Con la ayuda de tacos o anclajes, puedes fijar la estantería en la pared.

3. Taburete de palet para el jardín

Cuatro piezas de madera para hacer las patas del taburete (3 pulgadas de grosor)

- Taladro y cola para madera

- Madera de 4 pulgadas de grosor para el asiento

- Cincel

- Cuatro tornillos grandes

- Barniz

- Acolchado y tapicería

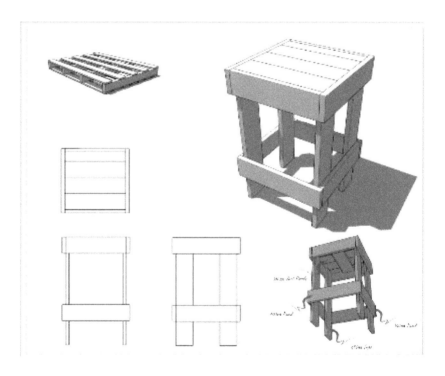

INSTRUCCIONES:

1. Mide el taburete según tus necesidades y luego selecciona la madera de palet para hacer el taburete. Corta diferentes trozos de madera para hacer las patas y el asiento. El asiento puede ser redondo o cuadrado.

2. Perfore agujeros en el asiento para fijar las patas en las cuatro esquinas. Debe insertar tornillos en cada una de las cuatro esquinas del taburete de bar. Recorte las patas para determinar la altura de su taburete e intente que estas piezas tengan un grosor de 3 pulgadas. Asegúrese de mantener el mismo tamaño de las cuatro patas.

3. Puedes utilizar cola para madera en los agujeros del asiento alrededor de la cabeza del tornillo e introducir con cuidado las patas en el agujero. Atorníllalas hasta que obtengas resistencia y asegúrate de mantenerlo apretado. Limpia el exceso de cola y deja secar el taburete.

4. Silla sencilla para el patio

- Sierra de inglete

- Barra plana

- 2 Paletas de madera

- Sacaclavos

- Caja, tornillos de acero inoxidable

- Cinta métrica

- Pistola de tornillo

INSTRUCCIONES:

1. Tome un palet de madera y manténgalo plano sobre la superficie de trabajo con la superficie del pico hacia arriba. La barra plana se deslizará por debajo de las dos primeras tablas de un extremo del palet y las fisurará con cuidado.

2. Saca los clavos de cada tabla del palet con la ayuda de un sacaclavos. Limpia los palets retirando los clavos que hayan quedado a la deriva y deja los tableros a un lado. Repite este proceso y retira los clavos de cada tabla, y corta las tablas de palet para el respaldo de la silla, las patas y los brazos.

3. Tome dos tablas y mida la superficie de 12 pulgadas con la ayuda de una cinta métrica y un lápiz. Utilice una sierra de inglete y corte a la longitud de la pata delantera.

4. Coloque el extremo, en conflicto con las tablas desprendidas, y levántelo hacia arriba en la paleta de montaje del asiento. Mantenga una pata delantera de cada lado en el extremo alto y meta cuatro tornillos para madera con el mismo espacio a través de la porción en el exterior del palet usando una pistola de tornillos.

5. Coloque el segundo palet a nivel sobre la superficie manteniendo

la superficie superior en dirección ascendente. Retire media tabla de un extremo del palet y límpiela sacando los clavos con la ayuda del sacaclavos. Este palet le ayudará a montar el asiento y los extremos con la retirada de las tablas para las patas traseras.

6. Introduzca la paleta diseñada para un asiento trasero con la pata trasera hacia abajo a través de la cuarta tabla. Baja las patas traseras a la superficie de trabajo y utiliza cuatro tornillos para fijar el asiento. Puedes utilizar una pistola de tornillos para fijar cada junta de la silla.

5. Estantería para el patio

- Sierra de mano

- Madera de palet de 1 pulgada de grosor

- Destornillador eléctrico

- Tornillos y pintura

- 2 sonotubos de 10 por 48 pulgadas

INSTRUCCIONES:

1. Con la ayuda de una sierra de mano, corta los sonotubos en dos mitades. Coge estos tubos y la madera de palet para pintar estos dos elementos.

2. Introduzca la madera de palet en los sonotubos y divídala por la mitad. El tablero de palet más pequeño se insertará en la dirección perpendicular y luego se dividirá en cuatro compartimentos.

3. Puedes hacer diferentes filas de cuatro tubos y colocar cada fila en la parte superior de la fila anterior. Sigue haciendo filas según tus necesidades y mantén este zapatero cerca de la puerta para tener los zapatos de cada persona.

6. Valla de palets de bricolaje

- Palés de madera

- Postes en T de acero

- Mazo

- Bloques de 2 x 4, de 8 pulgadas de longitud

- Taladro/atornillador

- Taladro de 3/16 pulgadas

- Remaches de 1/4 de pulgada

- Bisagras

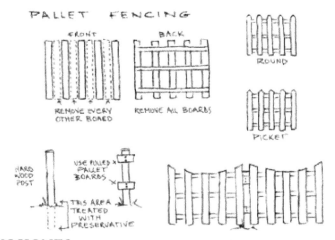

INSTRUCCIONES:

Es manso, simplemente cuantifica las maderas del palet y luego corta las tablas verticales del palet. Ponga cada una de ellas perpendicularmente en una línea y utilice tornillos de cubierta largos y madera de marco más gruesa para pegarlas. La dimensión del poste se basará en sus necesidades.

7. Caja de palets de bricolaje

- Lápiz

- Madera de paletas

- Libro blanco

- Cinta métrica

- Martillo

- Sierra

- Pintura o tinte para madera

- Uñas

- Pincel

INSTRUCCIONES:

Selecciona un palé resistente y rómpelo quitando los clavos con la garra de un martillo. Guarda estos clavos y corta la madera para tener 14 planos rectos de 14,5 pulgadas de longitud. Tienes que lijar cada pieza para eliminar las superficies rugosas.

Coloque cuatro tablones de 14,5 pulgadas y clávelos juntos. De este modo, podrás hacer un lado de la pared de la jardinera. Repite este proceso con otros cuatro tablones de 14,5 pulgadas para crear una segunda pared lateral. Tienes que crear tablas verticales para todas las paredes.

Bajará tres tablones, uno al lado del otro, y utilizará clavos para unirlos y hacer los lados de las paredes. Hará la pared delantera con tablones verticales y la replicará para hacer la pared trasera y clavará todas las paredes a las paredes delantera y trasera.

Tienes que hacer la base de dos corredores cortando dos tablones iguales a tu pared más larga. Esta longitud se basará en la anchura de tus tablones. Corta trozos cortos similares para utilizarlos como pies, y necesitarás cuatro piezas. Utiliza clavos para fijar los pies a la parte inferior de todas las correderas.

Tienes que medir un tablón para crear una base y cubrir la zona de base abierta de las cuatro paredes. Se colocarán adyacentes entre sí. Ahora clavar los dos corredores en los lados opuestos y crear una base para medir tablones debajo de su fondo.

Mantenga las paredes de esta caja en la base. A continuación, clávela a lo largo de la parte inferior de las paredes en la base. Coloque el contenedor terminado en el lugar deseado de su jardín o patio después de llenarlo con los productos seleccionados.

8. Lámpara de araña colgante

- Alambre de pollo
- Listones de madera de palet de 1×2
- Cadena
- Uñas pequeñas
- Cuatro ganchos pequeños
- Kits de lámparas
- Soportes L
- Uñas líquidas

INSTRUCCIONES:

1. Corta la madera de los palets, diseña un marco de madera montado y utiliza abrazaderas en L para asegurar las juntas interiores. Pinta el marco y luego decóralo con una capa de malla de gallinero en la parte superior del marco. Utiliza clavos para asegurarlo y haz un agujero en los cuatro extremos del marco. Coloca los ganchos en el borde para sujetar la cadena para montar esta lámpara de araña.

9. Estantería para herramientas esenciales

7.

- Una paleta

- Grapas

- Malla de gallinero de 4' x 4'

- Seis perchas de alambre

- Cadena duradera

- Pernos y tuercas de gancho de cierre de 2 1/4 x 4".

- Cuatro arandelas con pernos

- Ganchos en forma de S

- Sierra circular y martillo

- Sacaclavos y clavos

- Taladro y destornillador de cabeza

- Pistola de grapas y cortaalambres

- Cinta para medir

INSTRUCCIONES:

1. Corte las paletas y retire la barra central de la paleta. Divida con cuidado la madera y la cantidad en las piezas divididas. Practica una pistola de grapas para grapar el alambre de pollo en un lugar determinado. Grapa el alambre de pollo a través de la barra de

madera.

2. Corta el alambre adicional con la ayuda de un cortador de alambre y curva el alambre restante para que las esquinas afiladas queden lisas. Ceda las barras de madera y repare el alambre de gallinero con la ayuda de tornillos y utilice una pistola de clavos para fijar las paletas de madera.

3. Fije la cadena a lo largo. A continuación, cuelgue el estante en un ángulo de aproximadamente 45 grados con pernos de gancho en la pared. Su estante de la olla está listo, y ahora se puede practicar pernos para fijar el estante en un punto de contacto y generar apoyo adicional.

4. Puede utilizar ganchos en forma de S en el cable de la percha para poder colgar ollas y sartenes en los ganchos. Tenga en cuenta que estos ganchos pueden transportar un artículo ligero, pero puede beneficiarse de un almacenamiento adicional.

10. Postes de paletas

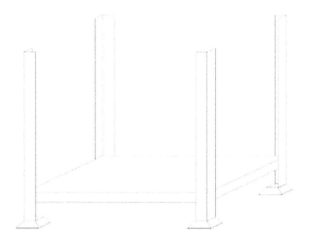

- Postes en T de acero

- Mazo

- Bloques de 2 x 4, de 8 pulgadas de longitud

- Taladro/atornillador

- Taladro de 3/16 pulgadas

- Remaches de 1/4 de pulgada

- Bisagras

INSTRUCCIONES:

1. Es sencillo, sólo hay que medir las maderas del palet y luego cortar las tablas verticales del palet. Coloque cada una de ellas perpendicularmente en una línea y practique con tornillos de

cubierta largos y madera de armazón más densa para pegarlas. El
tamaño del poste se basará en sus necesidades.

15 PROYECTOS DE EXTERIOR PARA PRINCIPIANTES

1. Silla

HERRAMIENTAS Y MATERIALES

- Madera de cedro
- (12 pulgadas) sierra de inglete
- Taladro
- Sierra de mesa
- Abrazaderas
- Cinta métrica
- Jigsaw
- Plantilla de barriles
- Lijadora orbital
- Conductor de impacto
- Plaza de los carpinteros
- Lápiz
- Borde recto
- Papel de lija

INSTRUCCIONES:

1. Paso 1: Primero, haga las patas. Haga la mayoría de los cortes con una sierra de inglete.

2. Mida desde la parte inferior de la madera y coloque una marca. Haga otra marca en una medida de 5 1/2 pulgadas. Mide otras 1 1/2 pulgadas para hacer la muesca para la tabla de 2x6 que conecta las patas delanteras. Una tabla de 2x6 mide 5 1/2 pulgadas de ancho y 1½ pulgadas de grosor.

3. Paso 2: Eliminar las muescas con una sierra de calar

4. Conecte todas las patas delanteras al tablero de 2x6. Utiliza la escuadra de carpintero para asegurarte de que las patas encajan completamente en la muesca: el pretaladro evita que se parta la madera. Aplique cola para madera en las uniones y atornille bien.

5. Paso 3: Fijar el soporte de los reposabrazos de la silla

6. Dale la vuelta a la silla y, con cola para madera y tres tornillos, fija los soportes de los reposabrazos en las patas delanteras.

7. Piernas traseras

8. Corte las patas traseras en un ángulo de 15 grados. Sujete las patas con fuerza mientras las alinea. Mida 12 pulgadas hacia atrás desde el interior de la pata delantera. Coloque la parte trasera en la marca, alinéela, de modo que el ángulo coincida con la parte superior del soporte del reposabrazos mientras la pata descansa suavemente en el suelo.

9. Fijar las patas traseras. Tome las medidas de la superficie de la mesa. Fije el soporte y fíjelo con cola y tornillos desde el exterior. La parte delantera de la pata trasera y la esquina inferior de la tabla de apoyo deben estar a la par, mientras que la tabla de apoyo debe quedar recta a 90 grados.

10. Soportes de asiento

11. Coloca soportes de tres asientos en los dos extremos y en el centro. Corta la parte delantera del tablero a 90 grados y el resto a 15. Con unos tornillos, fije las patas a los dos soportes exteriores. Asegúrese de que el tablero esté paralelo al suelo y apoyado firmemente en el tablero de soporte trasero.

12. Soportes del respaldo

13. Corte los soportes del respaldo en ángulos de 15 grados por cada extremo, con dos ángulos adicionales de 30 grados cortados en la parte superior para hacerla redonda. Coloca los soportes del respaldo para completar el montaje del marco.

14. Paso 4: Construir el asiento y el respaldo de la silla

15. El asiento y el respaldo de la silla pueden hacerse con tablas de 1x4, normalmente de 3½ pulgadas de ancho y ¾ de pulgada de grosor. Espacie cada tabla con un espaciador de ¼ de pulgada. Haga que encajen; usando una sierra de mesa reduzca el ancho de 1 o 2 tablas si es necesario, pero recuerde que debe predecir. Comienza desde el frente hacia la parte posterior del asiento y haz un solapamiento de ¼ de pulgada en el panel frontal.

16. Formar y fijar los reposabrazos

17. Utiliza un bote de pintura para rodear la parte delantera de los reposabrazos. A continuación, con una sierra de inglete, corta un ángulo de 45 grados en la parte posterior del reposabrazos. Utiliza tornillos y cola para madera para colocar el reposabrazos en la parte superior.

18. Masilla de madera

19. Añada masilla para madera en los agujeros de los tornillos, pero asegúrese de que los tornillos estén avellanados. Cuando la masilla esté seca, retírala con la lijadora orbital. Recuerda no poner el exceso de masilla bajo los reposabrazos. Termine su silla con cualquier tinte de su elección.

2. Tabla

1. Paso 1: Cortar las juntas de solapa

2. Lo primero es construir las "X". Corta las juntas de solapa de los dos bordes exteriores y haz cortes adicionales entre ellos para evitar cortar un agujero enorme.

3. Paso 2: Montar las patas

4. Haz coincidir las juntas de solape cortadas y únelas con tornillos para madera y cola. Tenga cuidado para no cortar las juntas de

solapa en la cara equivocada de la madera.

5. Paso 3: Construir el marco para la parte superior

6. Separe las patas y haga la parte superior. Necesitarás el Keg Jig ya que los agujeros de bolsillo son los componentes principales. Fíjalos con agujeros de bolsillo de 2½".

7. Paso 4: Fijar el ribete al marco

8. Recorta la mesa con piezas de 2x4, así que añádelas a los bordes. Fije las piezas de recorte pero deje un espacio de ¾" para fijar los 1/x4". Para que el trabajo sea eficiente, añada piezas de desecho de 1x4" bajo el marco. Mantenga las piezas de adorno alejadas pero trabaje en una superficie nivelada.

9. Paso 5: Montar la mesa

10. Con tornillos y cola para madera, une las patas al marco del tablero. Fije primero la tabla 4x4 a cada pata antes de fijar el borde superior

3. Banco

HERRAMIENTAS Y MATERIALES

- Tablero de 1x3x6'

- Tornillos para cubiertas exteriores de 2 pulgadas

- Relleno de madera para exteriores

- Papel de lija
- Tablero 2x12x10'
- Tornillos para cubiertas exteriores de 3 pulgadas
- Tinte de madera para exteriores
- Pegamento para madera en exteriores
- Jigsaw
- Taladro
- Sierra de inglete
- Sierra circular
- Lista de cortes
- 2x12 Asiento - 1 @ 42 pulgadas
- 2x12 Stringer - 1 @ 30 pulgadas
- Patas 2x12 - 2 @ 16½ pulgadas
- 1x3 Trim - 2 @ 42 pulgadas

1. Paso 1: Cortar las tablas con la lista de corte
2. Corte la tabla de 2x12 con una sierra de inglete para hacer las piezas del asiento, la pata y el larguero. Haga las piezas de adorno con una tabla de 1x3.
3. Paso 2: Marcar los tabiques en las patas
4. Mida las piezas de las patas y cree una marca a 4 pulgadas de cada

lado del borde inferior. Añade 5½ pulgadas más desde la parte inferior de cada pata, centrándolas en el ancho de cada tabla. Haz líneas entre las marcas para esbozar los recortes de los triángulos.

5. Paso 3: Marcar los detalles de las patas

6. Coge una sierra de calar y corta el contorno del paso 2. Utiliza una sierra circular para cortar las líneas y usa la sierra de calar para cortar la punta de cada muesca.

7. Paso 4: Dimensionar el larguero

8. Retire 3¼ pulgadas del ancho del larguero con la sierra circular.

9. Paso 5: Colocar el larguero entre las patas

10. Ponga cola para madera en la base del larguero de 2x12. Coloque la tabla en el punto entre las patas con el borde recortado en el mismo plano con el borde superior de cada pata. Haga dos agujeros piloto desde las patas hasta los extremos del larguero. Taladre tornillos para madera de 3 pulgadas en los agujeros piloto para llegar al larguero.

11. Paso 6: Unir el asiento a la estructura

12. Ponga cola para madera en la parte superior de las patas y los largueros. Coloque la tabla del asiento directamente con sus lados, sobre la base a ras, y con una proyección igual de 4½ pulgadas en todos los extremos. Haga dos agujeros piloto en el asiento para llegar a cada pata y tres agujeros piloto en el larguero desde el asiento. Ponga tornillos de cubierta de 3 pulgadas en las patas y el

larguero pasando el asiento.

13. Paso 7: Hacer la tapicería del asiento

14. Marque los extremos de las piezas de acabado de 1x3 a aproximadamente 1½ pulgadas del borde superior. Deje que la marca le guíe para fijar el resto de la esquina inferior en la sierra de inglete en un ángulo de 45 grados.

15. Paso 8: Unir la tapicería del asiento

16. Coloque cola para madera en los lados del asiento de 2x12. Coloque el borde de la moldura con el borde superior del asiento, poniendo las esquinas recortadas hacia abajo. Cree tres agujeros piloto en las piezas de la moldura y, con tornillos de 2 pulgadas, una la moldura al asiento. Utilice masilla para madera de grado exterior para cargar los agujeros de los tornillos. Alise el conjunto y aplique el tinte para madera. Utilícelo una vez que se haya secado.

4. Maceta

Herramientas y materiales

- Jigsaw

- Plano del bloque

- Taladro

- Sierra de mesa

- Madera de cedro

1. Paso 1: Hacer los cuatro paneles

2. Diseccione las piezas del panel y reduzca un borde de cada pieza de esquina. Utilice una sierra de calar para cortar las piezas. Recuerde que una pieza cónica de cada panel es 11/16 pulgadas

más delgada que la del lado opuesto.

3. Coloque tres piezas de panel (dos cónicas y una recta) sobre un trozo de madera contrachapada, separándolas con separadores de 1/8 de pulgada. Añada listones de guía para mantener las piezas del contrachapado en su sitio. Corta cada listón para que sea más corto que la longitud ideal por un pelo. Fije la cornamusa por ¾ de pulgada.

4. Paso 2: Montar la caja

5. Ensamble la jardinera pero primero, incline el borde de la pieza cónica más estrecha de cada panel con un plano de bloque, ligeramente por debajo de los 90 grados. Une los paneles con cuñas finas y una abrazadera de banda, y luego golpea los tornillos de cubierta en las esquinas superiores de la jardinera.

6. A continuación, perfore una cadena de agujeros piloto de 1/16 pulgadas a través de las esquinas de la jardinera y coloque un clavo de acabado en los agujeros evitando el panel adyacente.

7. Paso 3: Crear la tapa

8. Corte las piezas de la tapa y haga agujeros piloto donde los clavos de acabado las mantendrán intactas. Que los agujeros piloto estén lejos de la posición de los cortes a inglete. Clave y pegue todas las piezas.

9. Corta los ingletes en todas las piezas en forma de L, luego utiliza una abrazadera de banda para mantener la tapa en su lugar mientras haces los agujeros piloto para los clavos. Desenganche la

abrazadera, ponga pegamento en los ingletes, recupere y arme el conjunto de la tapa.

10. Cepille ligeramente la parte superior de las cornamusas con un cepillo de bloque para nivelarla. Coloca la tapa de forma que sobresalga uniformemente y haz agujeros piloto en ellos. Quita la tapa, frota cola en los tacos y clava la tapa. Una vez seca la cola, fija las cabezas de los clavos y pon masilla para madera. Utiliza papel de óxido de aluminio de grano 120 y 220 para lijar las superficies. Ahora puedes utilizar tu maceta.

5. Cama de columpio

HERRAMIENTAS Y MATERIALES

- Sierra de inglete
- Sierra de calar
- Clavos de acabado de 2".
- Clavos de acabado de ¼".
- Tinte para madera
- Cinta métrica
- Finalizar Mailer

- 4 tornillos de ojo

- Pegamento para madera

- Papel de lija

- Relleno de madera

- 11 piezas de pino transparente de 1" x 3" x 8'.

- Tres piezas de pino transparente de 1" x 8" x 8'.

- Tres piezas de pino nudoso de 1" x 3" x 8'

- Dos piezas de madera de entramado de 2" x 3" x 8'

- Una pieza de pino transparente de 1" x 4" x 8'.

- Una pieza de madera de entramado de 2" x 4" x 8'

1. Paso 1: Hacer el marco

2. Construya el marco principal de la cama con los 1x8 usando los clavos de acabado de 2" en las uniones. Añada un marco interior a la composición. Utilice 2x4's para hacerlo lo suficientemente voluminoso como para acomodar los tornillos de ojo. Asegúrese de que la parte inferior de los 2x4 está al mismo nivel que la parte inferior del marco. Utilice los clavos de 2" para clavarlos y pegarlos al borde. Utilice 2x3 para la parte trasera y delantera y asegúrese de que su parte superior está al mismo nivel que la parte superior de los 2x4.

3. Corte 6 piezas de 39" de largo del pino nudoso de 1x3 para los listones y dispóngalos uniformemente en el interior del marco de

la cama. Esto llevará el marco de la cama.

4. Paso 2: Crear los puestos

5. Haga cuatro postes con el pino claro de 1x3 para cada esquina. Haga el poste a partir de dos piezas utilizando pegamento en un borde.

6. Coloque la segunda pieza sobre el borde pegado para hacer una "L" y asegúrese de que los bordes están perfectamente alineados. Utilice clavos de 2" para unir las dos piezas. A continuación, utilice clavos de 1¼ y pegamento para unir el poste a las esquinas.

7. Paso 3: Fijar los raíles

8. Corta todos los travesaños cuando termines de colocar los cuatro postes. Son las piezas horizontales que unirán los postes. Coloca los travesaños traseros y luego los laterales.

9. Las piezas de los reposabrazos necesitan un corte extra, así que a partir de un trozo de 1x3, corta las piezas de los brazos a la medida. Utiliza una sierra de calar para hacer una muesca que le permita encajar alrededor del poste trasero.

10. Paso 4: Rellenar los agujeros y manchar

11. Paso 5: Fijar los tornillos de ojo

6. Montaje de la herramienta

Organice su garaje con este montaje de herramientas rápido y sencillo. Exhibe tu herramienta en un estante personalizado que hiciste con ella.

1. Paso 1: Preparar la paleta para ser estándar dos, como se describe en la introducción.

2. Paso 2: Coloque la paleta boca abajo con los soportes expuestos hacia arriba.

3. Paso 3: Instalar los soportes en la pared. A continuación, instale los soportes, donde desee, en la pared.

4. Paso 4: Dar la vuelta al palet con los soportes hacia abajo y las

tablas de 1x6 accesibles.

5. Paso 5: Coloque las herramientas que se montarán en un palé. Utilice un lápiz o una tiza para delinear el lugar donde se colgarán las herramientas.

6. Paso 6: Perforar los agujeros piloto para los ganchos. A continuación, atornille con cuidado los ganchos para herramientas.

7. Bicicletas:

¿Hay muchas bicicletas en su jardín? ¿Te encuentras a menudo compitiendo por un lugar para guardar tu bicicleta? Pues prueba con este rápido y sencillo portabicicletas de palet.

1. Paso 1: Necesitará 2 palets por portabicicletas. Cada estante tiene capacidad para entre 3 y 5 bicicletas.

2. Paso 2: Comience por preparar ambas paletas según la norma del nivel uno indicada en la introducción. Retire cualquier otro soporte orientado hacia arriba de ambas paletas, manteniendo el primero. Utilice paletas que estén alineadas y parezcan idénticas.

3. Paso 3: Una vez preparado, tome un soporte extendido de una de las paletas.

4. Paso 4: A continuación, clave el soporte que acaba de retirar en el otro palet. El soporte debe ir a lo largo del palet de manera que quede al ras del lado que mira hacia arriba manteniendo un ángulo uniforme de 90 grados.

5. Paso 5: Ahora, clave el primer piso con el segundo, creando una "L" de 90 grados. Alinee los huecos creados en el paso 1. Estos huecos albergarán los neumáticos de su bicicleta.

Una vez que esté firmemente unido, su portabicicletas estará listo para ser utilizado.

8. Enrejado para que sus plantas de vid crezcan

Es un proyecto fácil para armar un bonito marco en forma de A para poner dentro de su caja de flores por su patio que sus hermosas plantas de vid pueden crecer y mirar impresionante a los que los admiran desde su asiento del patio en los muebles de patio de bricolaje hecho de paletas de madera. Cubriremos eso más adelante en el libro. Primero, comencemos con un proyecto relativamente fácil en la construcción de un enrejado del A-marco.

MATERIALES QUE NECESITARÁS:

- Tijeras
- Ataduras de alambre, una bolsa
- Malla de jardín
- Pistola de grapas

- dos estacas de 72 pulgadas, 2×2 pulgadas

- Mazo

- Cinco paletas de madera

INSTRUCCIONES:

1. Selecciona las plantas que quieres cultivar en tu enrejado. Tal vez tenga unas bonitas plantas de enredadera, como la clemátide, o incluso verduras, como la calabaza o el pepino. Utiliza dos de las tablas a lo largo de la parcela o de la parte superior de la jardinera, clavadas de pie a ambos lados de la misma.

2. Añade un palé en un ángulo de 45 grados para hacer el enrejado en forma de A. Clava estacas en la parte inferior del marco en A y fíjalas en su sitio. Enrolla la red de jardín sobre el marco en A y grápala al marco. Corta la red sobrante. La red añadirá soporte adicional y ayudará a las plantas a crecer.

9. Casa de mascotas

- Una hoja de madera de palet de 1/2 pulgada, de 8 pies x 4 pies

- Sierra circular y martillo

- Cinta métrica

- Borde recto

- Clavos galvanizados de 2 pulgadas

- Lápiz

- Adhesivo de construcción

INSTRUCCIONES:

1. Corta los trozos de tablas de madera de palet con las siguientes medidas:

2. 21 x 34 pulgadas para el fondo

3. 27 x 39 pulgadas para la parte superior

4. 23 x 24 pulgadas para la espalda

5. 23 x 24 pulgadas para la parte delantera

6. 24 x 34 pulgadas para el lado

7. 24 x 34 pulgadas para otro lado

8. En el borde inferior de la pieza orientada hacia delante hay que fabricar una puerta, pero hay que localizarla con un lápiz. Puede enmendar la puerta rectangular o redonda.

9. Alinee el panel trasero y los paneles de ambos lados y fíjelos con clavos y martillo a lo largo de los paneles. Ahora fije el panel frontal con clavos electrificados a martillo.

10. Es el momento de colocar el marco de madera en la parte superior de la pieza inferior y repararlo con dos o tres clavos en cada esquina. Mantenga un panel plano en su posición con martillo y

clavos y manténgalo cerrado. Mejore las construcciones adhesivas y deje secar la casa para mascotas.

10. Caja de jardín de paletas de madera

Puedes hacerte una excelente caja de jardín de palets de madera para cultivar tus plantas favoritas. Las tablas de los palets funcionarán como marcadores para todas tus diferentes plantas. Todo lo que tienes que hacer es poner la tierra y utilizar cada fila de pizarra como otra planta.

MATERIALES:

- una/dos paletas de madera
- tierra para rellenar la paleta

- semillas/plántulas

- red

- grapadora

- pintura para madera/pinceles

- asegúrese de que sea al aire libre

- pintura impermeable

- Tornillos de 3 ½ pulgadas

- pistola de tornillos o destornillador

INSTRUCCIONES:

1. Si está haciendo una caja de jardín de palets de madera con un enrejado en la parte posterior, entonces tome su segundo palet de madera, ponga su primer palet de madera en su lado, fije el segundo palet de madera a él, asegúrese de que están nivelados y al ras en la parte inferior que se sentará en el suelo.

2. Atornilla el primer y el segundo palet y grapa la red en el lado del segundo palet que da a las plantas. Pinta la caja de jardín de palets de madera como quieras, quizás pintando bonitas etiquetas en ella para cada fila de plantas especificando la planta de cada fila.

3. Aplana la zona del suelo en la que quieres instalar tu jardinera de palets de madera y, a continuación, coloca el palet o los palets de madera en su sitio. Asegúrate de que se trata de un palé de madera con tratamiento térmico o de horno, sobre todo si lo utilizas para

cultivar plantas. Rellénalo con una mezcla de tierra y compost. A continuación, planta tus semillas y plántulas, asegurándote de poner tus plantas trepadoras en la fila de atrás para que trepen por el enrejado como soporte. A medida que crezcan, utiliza lazos para atarlas al enrejado y la red para añadir más apoyo.

11. Mesa de jardinería

Construya un lugar para colocar las plantas en maceta, las herramientas y los suministros. Esta mesa de dos estantes, si se prepara correctamente, le servirá durante años.

1. Paso 1: Preparar dos paletas para ser estándar dos y una paleta para ser estándar 3.

2. Paso 2: cortar las dos paletas preparadas según la norma 2 por la mitad.

3. Paso 3: Clave los soportes largos del palet preparado según la norma 3 en dos de los palets cortados por la mitad. Repita el proceso para las otras dos mitades.

4. Paso 4: Une las dos partes para formar un banco con dos estantes.

12. Cobertizo para la basura

¿Intenta evitar que los bichos esparzan la basura por todo su jardín? ¿Por qué no construir un cobertizo para encerrar los cubos de basura? Es una forma rápida, fácil y barata de mantener a las plagas y a los paparazzi entrometidos fuera de tu basura.

1. Paso 1: preparar ocho paletas según la norma de nivel 2 y dos paletas según la norma de nivel 1.

2. Paso 2: Fije las dos paletas preparadas a la norma uno juntas en su extremo corto. Esto le servirá de base.

3. Paso 3: Coloque los cimientos donde desee. Será demasiado pesado para moverlo una vez construidas las paredes.

4. Paso 4: Utilizando tres palés preparados según la norma 2, fíjelos perpendicularmente a los cimientos. Dos de las paletas deben estar en posición horizontal y la tercera en posición vertical.

5. Paso 5: Utilizando dos palets más preparados según la norma 2, construya las paredes largas más altas para asegurar las paredes verticales del palet para la integridad estructural.

6. Paso 6: Utilizar una paleta

7. Paso 7: utilizando las piezas retiradas de los palets para prepararlas para la norma 2, construya una puerta y fíjela a su estructura con bisagras. Nota: la puerta puede ser demasiado pesada para las bisagras individuales, así que asegúrate de utilizar bisagras de carga.

13. Contenedor de compost

¿Buscabas formas de reutilizar algunos de esos trozos de madera astillados o sobrantes de viejos proyectos? Reutilízalos en tu contenedor de compost ecológico.

1. Paso 1: Prepare nueve paletas de madera según la norma uno, como se indica en la introducción.

2. Paso 2: Coloque una paleta en el suelo en el lugar deseado.

3. Paso 3: Clave un palet a cada lado del primer palet formando paredes.

4. Paso 4: Construye las paredes hasta la altura deseada. Si es necesario, prepare otro palé a la norma cuatro y utilice sus piezas para fortificar la estructura. Nota: es innecesario y, de hecho,

desaconsejable cerrar todos los huecos entre las tablas de 1 x 6. El compost se beneficia de la permeabilidad del viento y de los insectos.

5. Paso 5: Rellena el compost con restos de otros palets. No incluyas clavos. Y añade unas cuantas palas de tierra. Ahora ya está listo para empezar a hacer compost.

14. Columpio del porche

Hacer un columpio para el porche es una gran adición para añadir a su patio trasero o porche delantero. Puede hacer un precioso columpio con palets de madera que es fácil de montar. Usted puede pensar que este es un proyecto difícil de hacer, pero usted será gratamente sorprendido al descubrir lo fácil que es hacer su columpio de paletas de madera.

MATERIALES:

- una paleta, cortada por la mitad a lo largo

- seis ganchos de acero de alta resistencia

- cuerda de nylon resistente

- taladro

- Cuatro tornillos y pernos

- pintura o tinte para madera de exterior

- pincel

- cojines (opcional)

INSTRUCCIONES:

1. Una vez que hayas cortado el palet por la mitad, coge dos piezas y alinéalas como si fuera un sofá. Atornilla los dos lados de las piezas y atornilla bien los cuatro tornillos. Pinta tu asiento de columpio de palet de madera, deja que un lado se seque, luego dale la vuelta y pinta el otro lado y deja que se seque antes de seguir adelante con el proyecto en última instancia. Una vez que el banco esté completamente seco. Añade cuatro ganchos a los palets de madera, dos en cada extremo del asiento. Añade otros dos ganchos grandes encima de donde vayas a colgar el asiento del columpio. Ten cuatro trozos de cuerda de nylon gruesa y fuerte, dos trozos largos y dos trozos cortos. Engancha los trozos cortos a través de los ganchos en cada extremo de los ganchos del asiento del columpio. En el centro de las cuerdas pequeñas, ata una cuerda larga y sujeta el otro extremo a los ganchos que cuelgan arriba. Para añadir un toque más decorativo a tu asiento de columpio, puedes añadir cojines de exterior.

15. Cama de jardín de bricolaje

- Paletas de embalaje

- Fertilizante

- Tierra de jardín

- Abono orgánico

INSTRUCCIONES:

1. Coloca los palets en el suelo liso, pero el lugar debe tener mucha luz solar durante 6 u 8 horas y movimiento de aire. Una superficie blanda y nivelada mantendrá las paletas seguras, y podrá elevar los jardines para utilizar rápidamente la humedad y retener la humedad y los nutrientes del suelo.

2. Ahora rellena los palés con tierra y empaca la tierra entre las pizarras y en la parte superior. Deberá tener entre 5 y 6 centímetros de mezcla de tierra en la parte superior de los palés. La tierra estará en capas en todos los palés. Entonces el fertilizante puede ser liberado lentamente en el suelo y en las filas entre las pizarras. Estas serán las filas de siembra 4 pulgadas de tierra en la parte superior.

3. Será útil cultivar plantas pequeñas en este huerto para evitar el hacinamiento de las raíces. Son buenas para el brócoli, la coliflor, el repollo, la berza y la lechuga.

8 PROYECTOS DE EXTERIOR PARA INTERMEDIOS

1. Cama para mascotas DIY

Compre todo el material necesario con antelación para evitar cualquier dificultad o inconveniente.

SUMINISTROS/MATERIALES

- Listones de enrasar

- 1 de 2x4x10

- 2 de 1x2x8

- 3 de 1x4x8

INSTRUCCIONES

1. Fase 1-Crear la base

2. Comience por crear cortes a sí mismo. La base de esta cama es rendida a 22" de largo con 5 partes de 2/4 por removidas. Utilicé para agregar el Kreg Jig en cada uno. 1 ½" huecos de bolsillo y 2 ½" tornillos de bolsillo fueron incluidos.

3. Fase 2-Crear el retorno

4. La parte trasera de la cama se compone de un listón de seda. Hice tres cortes de 22" de largo cada uno. Para sujetar las tablas, utilicé huecos de ¾" y tornillos de ranura de 1 ¼".

5. Fase 3 - Retorno de la conexión

6. Utilicé la clavadora inalámbrica para asegurar la parte trasera al marco. Puse una línea de pegamento para madera a través de la parte trasera

7. Luego, para montarlo, usé clavos de 1 ½"

8. Fase 4-Construir los laterales

9. Hoy en día para compensar en nuestros lados. Cada lado utiliza tres listones de enrasado cortados a 18,25" y dos listones de enrasado cortados a 10,25", respectivamente.

10. He colocado mis tablas y luego he dibujado a lo largo de cada lado

una fila de adhesivo para madera.

11. Luego, utilicé la clavadora inalámbrica en cada extremo para añadir el 1×2.

12. Ambos bordes también utilizarán un corte de 15,25" dos uno no afectado. Hasta la aplicación de tales reducciones, quiero calcular. La madera todavía difiere ligeramente. Me doy cuenta de que si compruebo cuando voy, tengo todos los cortes precisos en lugar de trabajar a través de una lista de corte. Para añadir estas piezas para la parte superior e inferior, utilicé mi clavadora y pegamento para madera.

13. Fase 5-Comparar los lados

14. Los conecté a los cimientos y a la parte trasera, una vez construidos ambos lados. Coloqué la base sobre su lado y luego dibujé una línea de pegamento para madera en el borde.

15. A continuación, utilicé mi clavadora de 2" para fijar los extremos. No hay que escatimar en el pegamento para madera. Los clavos mantienen todo en posición hasta que el pegamento se seca.

16. Eso es lo que se sintió atado a mi conclusión.

17. Reproduje lo mismo con la pieza lateral adicional y casi hice mi cama.

18. Fase 6-Construir la fachada

19. Utilicé un corte de 1/4 a 24" en la tabla frontal en la que estarían sus iniciales. Utilicé pegamento para madera y una clavadora para

sujetar todo junto.

20. Fase 7-Construir los pies

21. Momento de los pies. Los pies también están hechos con un x4. Corté cuatro trozos, cada uno de 4" de ancho.

22. Utilicé pegamento para madera y una clavadora de ¼" para sujetar cada una de ellas en los bordes.

23. Fase 8-Utilización de un acabado

24. Decidí teñir el mío con Wood Stain. El material es excelente.

25. Una vez seco, utilicé la lijadora para angustiar los laterales.

2. Mesa de picnic

Compre todo el material necesario con antelación para evitar cualquier dificultad o inconveniente.

SUMINISTROS/MATERIALES

- 4 hojas alargadas de 8' de 2×4

- 2 de láminas alargadas de 2×6 de 8 pies

- 2 de hojas alargadas de 2×2 de 8 pies

- 6 hojas de 1×4 extendidas de 8 pies

- 40 de los tornillos de la plantilla de 2 ½" (Kreg)

- Clavos de superficie de 2".

- Un clavo de superficie de ¼".

- Papel de lija

- Tornillos para madera de 1".

- Tornillos para madera de 2".

- Pegamento para madera

- Cinta métrica

- Sellador y tinte para exteriores

- Pistola de clavos

- Sierra de inglete

- Sierra de calar

- Plantilla Kreg

- Sander

- Taladro

INSTRUCCIONES

1. Y para empezar, reuní una estrategia que fusionaba la mesa de picnic de los Piratas y la mesa de picnic de los Niños Mayores. Cambié ligeramente los bordes para evitar tener más madera para los soportes internos, y luego construí la parte superior e inferior con 2x4 y 2x6 como la mesa de los niños mayores. Y me encanta el resultado.

2. Empecé construyendo ambos lados, y use una sierra de calar para

cortar el ojo de buey y la boquilla inferior, luego agregue todos los lados juntos y termine con el asiento en el techo. Lo monté yo solo en unas 5 horas de construcción. Utilicé el dispositivo de clavos para mantener las cosas unidas mientras las arreglaba, y podría ser capaz de hacerlo y sin el juego de segunda mano. La unica posicion en la que quise el segundo individual fue donde puse los dos lados y el soporte debajo de los asientos juntos.

3. Tenía que tener en cuenta si tallar mis paneles para asegurarme de tener todas las piezas con la menor cantidad de madera posible.

4. Empezarás usando la plantilla y haciendo agujeros a lo largo de los paneles de 2x2 de 20" y 10 ½". Estos serán los soportes de la mesa y del asiento. Coloque las aberturas de la plantilla en 19 ½", 14 ½", 11", 9", 5 ½", 3 ½", ½" ahora para los paneles de 20" de largo. En cuanto al panel de 10 ½", nueve ¾", 8", 5 7/8", 4 ½", dos ¾" y ¾", comenzando por el extremo plano de la tabla.

5. El soporte del tablero debe fijarse a la parte superior del listón de la mesa (un 20" 144). Se añade adhesivo al 2x2 hasta el punto más alto del listón del borde. Y ahí es donde utilicé clavos de 2" para sujetarlo, y despúes uno de ¼" de los tornillos de madera frontales para protegerlo. No me preocupé por los tornillos de la parte delantera ya que están cubiertos bajo el voladizo de la superficie de la mesa. Sólo asegúrese de no insertar tornillos o clavos en uno de los huecos de la plantilla.

6. Primero, instalará los 1x4s de 24" adyacentes al pilar, 1 1/2" hacia

afuera. Lo fijé con 1 1/4" de clavos y pegamento a la primera superficie. Luego creé un par de superficies de 1/4" con trozos de madera de 1/4" de grosor para ayudarme en la colocación y los utilicé para fijar el resto de los marcos.

7. Hasta que no añadas la placa base, tendrás que presionarla para que no se caiga en suelos rugosos. Para ello utilicé la plantilla de mi sierra. Tallar 1/2" de altura, y dejar en cada extremo sólo 5 pulgadas.

8. Y todos los listones a su lado son fijos. He querido montar los tornillos de madera de 24" 1/4" usando 1 1/4" desde la parte trasera para que no se volteen sobre la parte delantera.

9. A continuación, fije los soportes a su silla. Apila las tablas de 10 1/2" sobre el borde doblado con espacios en la plantilla y fíjalas con el adhesivo y tornillos de 2". Entonces, vas a colocar un 13 5/8 a través de la hoja. Que se dobla en ambos extremos, y 2 1/4" de distancia de la parte inferior exterior. Asegura con adhesivo y clavos de 2". Y dale la vuelta con tornillos para madera de 1 1/4" para sujetar.

10. Una vez que terminé ambos lados, esto fue apropiado para instalar los agujeros en el tubo. Uní una tira de cuerda a una chincheta para crear un anillo de 7 pulgadas y luego conecté esto a un compás con una separación de 3 1/2". Coloqué la tachuela en el centro de la ranura del puerto y luego tracé mi anillo. Luego tome una sierra y lo tallé.

11. Luego fue el aspecto donde quería el segundo par de manos-usando los tornillos de madera de 2" para sujetar el 2x4 al soporte de 2x2 el 40 1/2". Lo sostuve 3/4" bajo el respaldo del asiento.

12. Conecta la base entonces al otro lado.

13. Ahora es el momento de incorporar el tablero y las sillas. Utilicé mis espaciadores de 1/4" y protegí los clavos de 2" en las tablas. Luego, pase por debajo de la mesa con tornillos de plantilla de 2 1/2" y luego utilice los huecos de la plantilla que cavó para montar el borde.

3. Banco de madera

Compre todo el material necesario con antelación para evitar cualquier dificultad o inconveniente.

SUMINISTROS/MATERIALES

- Juego de taladros de contramarcha

- Sierra circular

- Cuadrado de velocidad

- Destornillador/taladro - sin cable

- Adhesivo de construcción

- 2x8s

- 2 tornillos de cubierta de 1/2 pulgadas

INSTRUCCIONES

1. Acabado exterior

2. Ensambla dos tablones de 2x8 de 3 metros, pegamento y un puñado de tornillos para conseguir este duradero banco. Un novato puede terminarlo en un par de horas.

3. Cortar las esquinas

4. Comenzaba en un lado de los 10 pies. El panel, cortado cinco veces idéntico 22-1/2 grado para construir las cuatro patas.

5. Corta las patas de un trozo de madera de 2 x 10 pies de diámetro. Dividir la plataforma con un respaldo de 2x8.

6. Extienda los lados y móntelos como copias en espejo, utilice la orientación de las partes del banco y de la espalda. Une tres patas, ganchos de cubierta de 2-1/2 pulgadas, y pega la soldadura. Para no romper la madera, taladre previamente todos los agujeros en el tornillo utilizando una pieza de avellanado. Por último, coloque los lados adyacentes, pegue y gire el asiento hacia adelante y hacia atrás. Complete la plataforma con aceite o pinte la capa exterior.

4. Soporte de esquina para plantas

1. Utilicé alrededor de 40 pies de 2x4s para crear esta unidad de bricolaje. Construí toda la cosa usando 12", 24" y 36" de altura para adaptarse al borde de 27" del patio trasero.

2. Puede adaptar estas especificaciones para que se ajusten exactamente a su zona.

3. Cada capa tiene dos 2x4 como anclajes en cada lado y uno en el centro (en la esquina) para un soporte extra.

4. Con la sierra de inglete, decidí hacer todos los recortes. Además, podría haber utilizado una sierra circular, o incluso una sierra de mesa.

5. Uní las tablas de dos maneras. Utilicé cola para madera para pegar todas las piezas que llegaban en horizontal y necesité que se secara completamente.

6. El pegamento de la madera ayuda a mantener las tablas intactas, por lo que era crucial que cada tabla estuviera recta para que no tuviera un fondo enrasado.

7. Después de pegar los paneles, sujétalos y deja que se sequen muy bien.

8. Se utilizó un taladro y tornillos de cubierta de 2 1/2" para conectar todas las partes fusionadas.

9. En este punto, se unió rápidamente. Los sujetadores retienen cada uno de los segmentos que se pegan.

10. El adhesivo no es tan duradero en las tablas transversales como esta, por lo que los tornillos emergen allí.

11. He rociado y pintado todo el lote con Water Cover, mi pintura favorita para el aire libre.

12. Permitirá que el agua aterrice y caiga directamente sobre el cordón de madera, y mantendrá el elemento en mejor forma física durante períodos prolongados.

13. Para que encaje con su tema o diseño, puede teñir o pintar el soporte de algún color.

5. Banco de madera simple para exteriores

El tiempo, el equipo y los materiales

Es sorprendentemente rápido construir ese banco de madera. A menos que estés familiarizado con los aparatos eléctricos, deberías instalarlo en sólo unas horas, pero puede requerir un par de horas más de tintes. Puedes construirlo con sólo un taladro/atornillador, una sierra curva y el equipo manual esencial, pero si tienes una fresadora y una pulidora de giro aleatorio, obtendrás mejores resultados más rápidamente.

Todos los suministros pueden adquirirse en instalaciones domésticas. Al seleccionar las maderas, empiece por elegir las más planas de la pila. Se torcerán en algún momento después de que esté construyendo el banco, pero cuando esté cortando las uniones así como organizando el banco, tienen que estar ordenadas así como planas.

INSTRUCCIONES

1. Identificar la longitud de las piezas

2. Cortar tres veces

3. Lijar los rastros marcados

4. Etiquetar las muescas

5. Crear cortes de paleta

6. Realiza cortes a la canaleta

7. Libera las astillas

8. Muescas lisas con cincel

9. Redondear las esquinas

10. Perforar los agujeros del prototipo con tornillos

11. Pintar los destornilladores así como las arandelas

12. Mueve los tornillos en una pausa.

6. Cajas de madera sencillas

1. Elige tu madera. Para sus primeros proyectos, puede utilizar madera o una tabla de un proyecto anterior que ya no sirva, o puede optar por comprar y cortar madera nueva. El tipo de madera que elijas debe estar determinado por el uso que le darás a la caja una vez terminado el proyecto. Por ejemplo, la madera más fina será perfecta para las cajas más pequeñas porque es fácil de manejar y recortar.

2. Reúna todos los suministros que va a necesitar. Todas las herramientas necesarias que vayas a utilizar para cualquier proyecto deben estar siempre al alcance de la mano en tu lugar de trabajo. Como mínimo, necesitarás un martillo, clavos, adhesivo, masilla y luego la madera. Si utilizas una herramienta eléctrica, tienes que asegurarte de que estás cerca de una fuente de alimentación.

3. Mida y marque sus tablas. Debe hacerlo teniendo en cuenta el tamaño de su caja. Determine la anchura, la longitud y la altura de su caja y haga las marcas necesarias en sus tableros utilizando su regla y su lápiz.

4. Si las tablas no tienen el tamaño adecuado, córtalas a la medida. Para ello se puede utilizar una sierra manual o circular. Las herramientas eléctricas podrían haber hecho el trabajo mucho más cómodo, pero son innecesarias para este proyecto.

5. Ensamble las piezas en su lugar utilizando una unión a tope. Empiece por unir los lados en ángulo recto utilizando un adhesivo de su elección. Martille o perfore el clavo de acabado en los lados. También puedes utilizar tornillos para madera o tacos.

6. Ahora pega la base de tu caja a los laterales. Asegúrate de que los laterales se asientan perfectamente sobre la base, y luego utiliza un adhesivo para pegarlos. Una vez seco, puedes clavar los clavos para completar la caja.

7. Coloca la tapa en la caja para que esté completa y sea utilizable. Una tapa con bisagra es siempre la mejor para una caja de madera. Para colocarla, tienes que poner la parte superior de la caja contra el lateral de forma enrasada: marca las zonas donde crees que debe estar la bisagra. Ahora puedes taladrar la bisagra con un martillo y clavos. Asegúrese de que el nudillo de la bisagra esté orientado hacia fuera de la parte trasera de la caja.

8. La caja ya está lista. Puedes mejorar su aspecto aplicando un poco de acabado en la superficie. Si hay agujeros de clavos, por ejemplo, puedes rellenarlos con masilla para madera. Una vez seca, puedes lijar la superficie para alisarla.

7. Una casa pequeña

Una casita de madera es un gran reto para el carpintero principiante. Se puede utilizar en una mesa para pájaros, o puede ser ornamental, siempre que tenga un buen plan a mano y las herramientas y el equipo adecuados para el trabajo. Es una guía que puede ayudarle a construir una casa de madera utilizable para su primer proyecto de carpintería:

1. Establece los cimientos de tu casa. Para ello, excava la zona en la que se ubicará tu casa. Para una casa pequeña, sólo necesitas una pequeña superficie. Por lo tanto, el perímetro no será significativo.

2. Coloca tablas alrededor de los cimientos, excepto en la parte donde estará la puerta. Estas tablas formarán las paredes de tu casa.

3. Rellene los cimientos excavados de su casa para asegurarse de que las tablas se mantienen erguidas y no se tambalean.

4. Mantenga las tablas juntas. Puede hacerlo clavando un pequeño trozo de madera entre cada madera de su pared. Puede clavar una pequeña cantidad de madera alrededor de las paredes de su casa para mantenerlas unidas. Asegúrese de que su valla es lo suficientemente fuerte, entonces usted puede llenar los agujeros de los clavos para cubrir los extremos de los clavos.

5. Añade un techo a tu casa. Se puede hacer utilizando un gran trozo de madera que pueda cubrir la casa de un extremo a otro. Coloca la madera encima de las paredes de tu casa y, a continuación, atornilla la tabla del tejado y la pared. Utiliza tantos paneles como sea necesario para poder cubrir toda la casa.

6. Haz una puerta. Una puerta con bisagras es la mejor opción. Coge un trozo de madera que encaje perfectamente en el espacio que queda para la puerta. Colócalo contra las tablas de la pared, y luego haz marcas donde estará la bisagra. Martillea la bisagra en la puerta

y luego la otra parte de la bisagra en la pared. Prueba para asegurarte de que la puerta se abre y se cierra con facilidad.

8. Una mesa de taller portátil

HERRAMIENTAS NECESARIAS

- Taladro eléctrico

- Sierra circular

- Plaza de la distribución

MATERIALES NECESARIOS

- Diez (10) 2x4 de 8 pies de largo

- Cuatro (4) 1x6 de 8 pies de largo

- Cuatro (4) bisagras de puerta con muelle de 3 pulgadas

- Cuatro (4) bisagras de puerta de 3 pulgadas

- Cuatro (4) ruedas de 3 pulgadas

- Cuatro (4) ganchos de ojo cerrados de 1 pulgada (tipo tornillo)

- Dos (2) tramos de 6 pies de cuerda de nylon pequeña

- Tornillos de cubierta de 2-1/2 pulgadas y 1-1/2 pulgadas

- Pegamento

MÉTODO

1. La base de la mesa:

2. Construcción simple a tope. Debe tener un tamaño de 96 x 44 pulgadas

3. Corta los dos lados largos de la base-2x4 a 89 pulgadas de longitud

4. Corte un 2x4 en dos (2) piezas de 44 pulgadas para los dos extremos de la base de la mesa.

5. Corta tres (3) piezas de 41 pulgadas de otros dos 2x4. Estos serán los tres largueros que darán fuerza a la mesa.

6. Monte el tablero de la mesa y asegúrese de utilizar al menos tornillos de 2-1/2 pulgadas en cada junta para mantenerlo sano. Asegúrese de que el tablero de la mesa es cuadrado.

Añadir patas a la base

1. Corte los cuatro 1x6 en ocho piezas. Cada uno de ellos debe medir 35-1/4 pulgadas de longitud.

2. Con la base apoyada en el suelo, fije dos de las piezas de 1x6 en cada esquina. Utiliza una escuadra para asegurarte de que están colocadas a 90 grados. Una pata debe colocarse a ras de la esquina, mientras que la otra debe superponerse a la primera.

Fijación de los largueros

1. Los largueros de las patas de la mesa proporcionarán resistencia y estabilidad.

2. Corta dos 2x4 de 92 pulgadas de largo

3. Corta un 2x4 en dos piezas, cada 44 pulgadas de longitud

4. Marque con el lápiz el lugar donde se colocarán los largueros en las patas de la mesa

5. Fíjelos con tornillos de 1-1/2 a través de la pata en el larguero.

6. Gira la mesa para sentir su fuerza.

7. Fijación de la tabla de ruedas a la mesa

8. Se hace con la mesa sobre las patas

9. Prepare los soportes que sostendrán las ruedas. Corte un 2x4 en dos longitudes de 43-1/2 pulgadas

10. Coloque dos bisagras en los extremos de las tablas de las ruedas. Una vez hecho esto, el tablero de las ruedas debería moverse

libremente en un arco de 90 grados y permanecer plano cuando la mesa se coloca hacia abajo.

Fijación de los tirantes de la base de las ruedas a los largueros

1. Los tirantes bloquearán la base de la rueda en posición baja. Deben fijarse con bisagras de muelle. Puedes utilizar los recortes del corte de los largueros, o puedes cortar un nuevo 2x4 para esto.

Coloque las ruedas en la mesa, con la mesa al revés.

1. Fije una rueda en cada extremo de la tabla de ruedas con tornillos de 1-1/2 pulgadas. Una vez que haya terminado, pruebe para ver que la mesa rueda hacia abajo suavemente cuando su posición correcta.

2. Conecte un tirador de cuerda a los soportes de las ruedas. Levantará los soportes de las ruedas para permitir que la mesa se apoye en su pata cuando se trabaje en ella.

Fijar el tablero de la mesa

1. Coloque el contrachapado de 1/2 pulgada en la base de la mesa con la mesa en su posición correcta. Asegúrese de que está en posición.

2. Fije la parte superior a la base con tornillos de 1-1/2 pulgadas. No utilice pegamento en este punto.

3. Coloque la parte superior de Masonite en la madera contrachapada. Es una pieza reemplazable una vez que se desgaste. El Masonite debe estar al ras de la madera contrachapada en los cuatro lados.

4. Fíjelo con tornillos de 1-1/2 pulgadas a la base de madera contrachapada, y tal vez a la base de la mesa para que no tenga tornillos de unión en la parte inferior de la mesa.

La mesa ya está lista, y puedes pintarla o teñirla, excepto la masonita, para darle un mejor aspecto y protegerla de la suciedad, la mugre y la humedad.

Al repasar todos los pasos posibles del proceso, resulta fácil comprobar el progreso y asegurarse de que todos los materiales que necesita para empezar están disponibles.

CONCLUSIÓN

Gracias por leer todo este libro!

Quiero felicitarte por haber terminado mi proyecto de carpintería para principiantes. La carpintería es un pasatiempo increíble en el que hay que adentrarse. Lo mejor es que no necesitas mucho para empezar a hacer cosas sencillas. Los consejos y temas que hemos tratado en este libro te han dado información más que suficiente para poder hacer bandejas, mesas, bancos, sillas y mucho más. Ahora, todo lo que necesitas son las especificaciones de lo que quieres hacer, el corte de madera a la longitud adecuada, y ¡estás listo para empezar!

Hay muchos lugares para empezar a hacer tu primer conjunto de proyectos para principiantes. En este libro te he dado algunos proyectos para que empieces. Date un empujón de confianza al empezar a hacer tus cosas. Recuerda que siempre tienes la libertad de modificar los materiales y el aspecto final que desees, según tu gusto.

El siguiente paso es elegir un campo que quieras probar. Contempla el tiempo que tienes que dedicar a cada aventura, el número de fondos que tienes que comprometer y el espacio de trabajo que tienes o puedes construir.

Te ayudará a centrarte en uno o dos campos para probar. Empieza con lo básico y construye gradualmente tu conjunto de habilidades con la repetición. No esperes tener una mesa estupenda y perfecta la primera vez que la hagas. Como alternativa, diviértete y prueba nuevas técnicas o herramientas siempre que puedas. O perfecciona un conjunto específico de habilidades y conviértete en un maestro.

Además, ¡dé el primer paso y sumérjase en la carpintería! No tendrás ni una punzada de culpabilidad, aprendiendo esta noble habilidad. El siguiente paso es avanzar y probar planes de carpintería más complicados. Puedes seguir dominando el oficio y, quién sabe, tal vez puedas convertirlo en un negocio más adelante.

Las piezas de madera personalizadas son algo que a mucha gente le encanta tener. Planifique y visualice lo que prefiere hacer para su próximo proyecto de carpintería. ¿Recuerda los consejos y datos que ha aprendido aquí? Ya sea que emprenda la carpintería como un negocio o un pasatiempo, mientras más experiencia adquiera, su trabajo artesanal será mejor.

Cuando trabajes en tu taller de carpintería, prepárate para cometer errores. Prepárate para estropear los proyectos y tener que volver a empezar. Estas prácticas son frustrantes, pero son enseñanzas que hay que aprender. La destreza sólo aumenta con la experiencia, y si te detienes cuando metes la pata, nunca sabrás del error. Recuerda que todo lo que se necesita para ser un experto es tiempo, atención y experiencia, y sólo tú puedes dártelos.

Ya has dado un paso hacia tu mejora.

Mis mejores deseos.

Trabajo de la Madera 2021

Una Guía Rápida De Artesanías De Madera Paso A Paso Para Principiantes. Técnicas Y Secretos En La Creación De Increíbles Proyectos De Bricolaje

Woody Brown

INTRODUCCIÓN

Gracias por comprar este libro.

Trabajar la madera significa muchas cosas, pero he aquí una definición razonable con la que probablemente estén de acuerdo la mayoría de los aficionados e incluso los niños. La carpintería es un oficio productivo en el que se corta, se da forma y se combina la madera para crear cosas ornamentales y útiles.

Trabajar la madera no es nada exigente desde el punto de vista físico, y puedes construir a tu propio ritmo. Por eso los niños pueden incluso trabajar la madera. Si alguna vez sigues dudando si tus hijos pueden hacerlo. Los principios básicos son sencillos de aprender, pero siempre son una diversión, que será nueva y desalentadora a medida que avance la experiencia. Si te gusta resolver problemas, te encanta la carpintería. Llevo años en esto, y con cada proyecto que creo, me enfrento a nuevos retos. Es parte del proceso. También es satisfactorio hacer que tus manos y tu cerebro hagan cosas divertidas para tu casa.

Como principiante y como niño, asegúrate de tener un plan a seguir muy claro. Tenga también claros los detalles, para no perderse en medio del proyecto. Con la ayuda de las ideas de la carpintería para los principiantes, podría haber grandes oportunidades de la carrera que uno podría venir a través como los trabajos de madera del diseñador se consideran el más en-demanda de estos días. Si los principiantes mantienen sus opciones simples cuando viene al woodworking, pueden volver a los errores que hicieron y evitar hacer la misma cosa. Hay muchas posibilidades de que cuando el primer proyecto sea una decepción, el artesano pierda el ánimo y lo deje. Esto se puede evitar si las elecciones que se hacen son fáciles y se tienen todos los conocimientos sobre la carpintería. También es esencial, como principiante, que comprenda y aprenda sobre los diferentes tipos de madera, así como cuáles son los elementos vitales que debe tener en cuenta al trabajar con esa madera en particular. Es esencial que tengan una buena idea sobre los detalles relativos a los adhesivos y sobre los tornillos utilizados para la talla de madera cuando se trata de ideas de carpintería para principiantes.

Crecimiento de la madera:

La carpintería es comúnmente conocida como uno de los sucesos más agradables de todos. Usted hará rápidamente sus piezas participando en la práctica de equipos y herramientas para trabajar la madera. Tales objetos son tareas más pequeñas al principio, pero las habilidades mejoran los elementos que usted hace.

Como cualquier deporte, la carpintería le permite obtener algunos conocimientos básicos. En un principio, deberá conocer los distintos tipos de equipos y herramientas de carpintería disponibles. Cada pieza de la herramienta tiene una tarea específica. Sin embargo, como no se puede comprar cada equipo y sistema abierto, sabrá adaptar ese software a múltiples aplicaciones.

Te aconsejo que busques una clase de carpintería cerca de tu casa. Si esto no es una alternativa, puedes comprar un excelente libro sobre carpintería sencilla o un curso para principiantes sobre herramientas y arquitectura. Estos productos pueden adquirirse en buenas librerías o en la red.

La segunda parte del crecimiento de la afición a la madera es saber cómo realizar sus proyectos de carpintería. El diseño de los artículos que va a producir es un paso en este proceso. Debe determinar qué materiales se necesitan y, por último, qué herramientas específicas deben completar el trabajo. Puede diseñar sus proyectos o comprar diseños y proyectos que ya lo detallan. Estos proyectos prediseñados tendrán más sentido cuando comience primero y aprenda el proceso de diseño y planificación de la carpintería.

Otro aspecto del diseño de proyectos es conocer los distintos tipos de productos de madera. A medida que sus habilidades se desarrollen, verá tipos específicos de madera con los que le gusta trabajar. Los diferentes tipos de madera son adecuados para varios proyectos múltiples. El pino es significativamente incomparable con el arce, y el roble puede utilizar más duro que el fresno. Estos elementos del rompecabezas de la madera son simplemente más llamativos.

El elemento inicial de cualquier proyecto de carpintería es lo que está tratando de hacer precisamente. También debe pensar en propósitos específicos para cumplir con su producto previsto. También tendrá que identificar qué estilo es el más adecuado para.

El paso más crucial de cualquier proyecto de carpintería es la preparación. Tenga en cuenta de cuánto tiempo dispone y cuánto dinero tendrá que gastar. Estos aspectos vitales desempeñan un papel esencial. Redactará una especificación detallada que contenga bocetos del producto acabado y de los posibles subconjuntos. Es imprescindible en la planificación de sus actividades. Las dimensiones de cada sección del paquete deben incluir dibujos minuciosos.

La siguiente parte de la estrategia consiste en hacer una lista de todos los suministros que necesita. Hay una enorme selección de maderas y materiales de construcción para que puedas elegir todo lo que se adapte al estilo teniendo en cuenta la calidad, la robustez y la estética.

La mayoría de las tareas de carpintería requieren la adquisición de equipos específicos. Existe una amplia gama de herramientas. No todas son relativamente baratas, y algunas son bastante caras. Cuando diseñe sus proyectos de carpintería, procure elegir diseños que no necesiten las herramientas más caras. Puede que no tenga que estar tan atento a sus decisiones si ya dispone de algunos recursos.

No obstante, antes de utilizarlo, debe comprobar si los dispositivos necesitan acondicionamiento. Si sus métodos actuales son duros, esto es muy necesario. Aparte de los problemas de seguridad personal, el uso de herramientas resistentes puede provocar cortes incorrectos y bruscos o dañar la madera blanda.

La siguiente fase en todos los proyectos de carpintería es comenzar el trabajo. Es una parte fascinante para la mayoría de nosotros. Hay que ser muy entusiasta a la hora de hacerlo. Siga todas las instrucciones, especialmente las de las herramientas eléctricas que vienen con sus dispositivos. Ten en cuenta que siempre debes llevar el equipo de seguridad adecuado, como las gafas de seguridad. No olvides ni dudes en pedir la ayuda de tus padres, especialmente cuando la tarea sea nueva para ti. La seguridad es lo primero para todos. Esto no significa que sean los únicos que lo hagan. Puedes pedirles ayuda. Los errores pueden salir muy caros en este momento. Es esencial que te ciñas a tus planes y no hagas nada más.

El siguiente paso es asegurarse de que su producto final esté totalmente terminado. Puede cambiar todo el aspecto de su obra. Decidir un acabado excelente cambiará por completo el aspecto de la pieza, así que considérelo con cuidado. Incluso las mejores tareas de carpintería pueden requerir la planificación y ejecución de planes.

La planificación excelente se basa en todas las tareas de carpintería. Con las Guías Paso a Paso, muchas cosas son ahora diferentes, y la tecnología de los proyectos de carpintería es simple y fácil de construir. Antes, se necesitaban habilidades exhaustivas para hacer algo con sus propias manos; algunas personas trabajaban como pasatiempo en su tiempo libre; otras se lo tomaban en serio y lo convertían en un negocio.

Hoy en día, algunas personas pueden construir sus creaciones de madera, y la mayoría de la gente llamaría a un contratista para crearles un mueble, una cubierta, o incluso algo tan necesario como una escalera de mano. Pero sería más cómodo y divertido aprender a crear sus muebles con la madera de calidad que usted elija.

Proyectos de carpintería: Métodos

La carpintería hoy en día es más accesible porque hoy en día es relativamente fácil adquirir conocimientos sobre proyectos de carpintería. Hay mucha información, pero algunas son buenas y otras son malas. La experiencia que comparto con usted le ayudará a aprender mucho sobre la carpintería y a continuar con proyectos sencillos de carpintería. Estos métodos te permitirán entrenar para convertirte en un experto y disfrutar aprendiendo. No tengas miedo de dejar que tus hijos experimenten este momento único. Quién sabe, tal vez desarrollen este hábito.

Elige lo que necesitas para empezar: Antes de empezar tu proyecto, necesitarás algunos recursos.

Es necesario comprar las herramientas adecuadas para obtener resultados exactos y precisos. La forma más barata de comprar el equipo es en la web, no en el supermercado. En Internet hay buenas ofertas y precios bajos. Para cada proyecto, hacer una lista de todas las herramientas necesarias en los proyectos de carpintería es siempre una elección acertada. Busque las herramientas de calidad adecuadas, ya que las necesitará para la mayoría de sus proyectos.

Para la mayoría de los principiantes puede ser agradable y desafiante saber qué materiales se necesitan para comenzar los proyectos de carpintería. Lo primero que puede comprar en su lista es una fantástica sierra. Lo más probable es que necesites más de una sierra porque hay diferentes tipos disponibles para varios proyectos. También necesitará una buena sierra de calar, sin duda.

Siga leyendo todo lo que necesita saber sobre la carpintería. Pronto aprenderá las habilidades necesarias para ser un profesional, crear proyectos de carpintería con esta experiencia, y usted comenzará a hacerlo tan divertido.

Disfrute de su lectura!

13 PROYECTOS FÁCILES

1.Armario para el patio trasero

Puede hacer un armario cortando los bloques de madera y luego hacerlos ensamblados de una manera u otra. Todos los armarios se pueden hacer de acuerdo con los requisitos que usted tiene. Puede ser en varios tamaños y formas. El jardín y los gabinetes del jardín sin ningún problema apenas usando las técnicas de la carpintería.

Los armarios utilizados para el almacenamiento son de tanta importancia porque se puede añadir almacenar cualquier cosa en su casa en su jardín. También se puede añadir cualquier cosa y se puede devolver cuando no se sienta que el lugar es el adecuado para ello.

Dimensiones:

- Dos tableros de madera contrachapada de 3/4 por 14 por 60 pulgadas

- Dos de 3/4 por 14 por 22 1/2 pulgadas

Procedimiento:

1. Coloque las dos piezas de madera contrachapada de 3/4 por 14 por 60 pulgadas con los bordes paralelos entre sí. Aplique cola de resina resistente al agua a las dos piezas de 3/4 por 14 por 22 1/2 pulgadas en los lados de 14 pulgadas. Colóquelas entre los dos paneles más largos, al ras en la parte superior e inferior.

2. Dispare grapas de 1 1/2 pulgadas a través de los lados de los paneles más largos, en los extremos de los paneles cortos para formar la forma rectangular del armario. Dispare las grapas a tres pulgadas de distancia.

3. Aplique pegamento a los bordes del rectángulo. Coloque el trozo de madera contrachapada de 3/4 por 24 por 60 pulgadas sobre el rectángulo y enrósquelo por los cuatro lados. Dispare grapas a través de ella alrededor del perímetro a 3/8 de pulgada del borde, espaciadas a seis pulgadas.

4. Déle la vuelta a la caja con la cara hacia arriba. Aplique cola a las piezas de pino de 3/4 por 4 por 22 1/2 pulgadas. Colócalos planos en la parte trasera del armario, uno en la parte superior y otro en la inferior. Dispara seis grapas de 1 1/4 de pulgada a través de ellos al azar. Estos son los tirantes.

5. Coloque el armario en posición vertical. Coloque dos estándares de estantes ajustables en la parte inferior del armario, en cada lado, verticalmente, a una pulgada de la parte delantera y trasera. Habrá un espacio entre la parte superior del estándar y la parte superior del armario. Si tiene problemas para que los listones queden perfectamente verticales, coloque un listón de madera de 2,5 cm de grosor en la esquina y luego coloque los listones contra él para alinearlos.

6. Atornille los estantes a los lados del armario con un taladro/atornillador y tornillos de 5/8 de pulgada. Hay agujeros en los estándares para este propósito.

7. Lijar el mueble para alisarlo y redondear todas las esquinas utilizando un bloque de lijado manual con papel de lija de grano 100. Lije todas las demás piezas de madera contrachapada y redondee las esquinas, como en las puertas y los estantes.

8. Coloque el gabinete sobre su espalda. Coloque los dos trozos de madera contrachapada de 3/4 por 12 por 60 pulgadas planos sobre el armario. Póngalas al ras en los cuatro lados. Se unirán en el centro. Estas son las puertas.

9. Coloque una bisagra de piano de 3/4 por 60 pulgadas en cada borde de la puerta. Atornille un lado de la bisagra al lateral de las puertas. Atornille el otro lado de la bisagra al lateral del armario. Utilice tornillos de 3/4 de pulgada y un taladro/atornillador.

10. Martille cuatro deslizadores de suelo de acero de 3/4 de pulgada en cada esquina de la parte inferior del armario, a una pulgada de cada esquina. Coloque el armario en posición vertical.

11. Abra las puertas. Coloque los soportes de acero de 3/8 de pulgada en los estándares ajustables de los estantes. Los soportes de los estantes se enganchan en las ranuras numeradas. Coloque los soportes en lados opuestos y haga coincidir los números para que los estantes queden nivelados.

12. Introduzca las piezas de madera contrachapada de 3/4 por 12 por 22 1/4 pulgadas en el armario. Estos son los estantes. Coloque un estante en la parte superior de cada conjunto de cuatro soportes de estantes.

13. Cierre las puertas. Coloque un pestillo en un lado de una puerta, centrado en el centro. Coloque el lazo metálico correspondiente en el otro lado. Cierre el pestillo y atornille ambas piezas a las puertas con tornillos de 5/8 de pulgada. Ahora se puede cerrar el armario.

2. Mesa de comedor de madera

Dimensiones:

- 4"x4"x8's - 3

- 2"x8"x8's - 3

- 2"x12"x12's - 2

- 2"x4"x8's - 4

Procedimiento:

1. Coge cuatro palés de madera para hacer una mesa de comedor de madera. Sería bueno utilizarla tanto en el exterior como en el interior.

2. Coloca los palets y fíjalos simplemente con tornillos.

3. También puede colocar el vaso en la parte superior.

4. También puede aumentar el tamaño utilizando más paletas.

5. Para hacer palets de madera, asegúrate de que no está tratada químicamente.

6. Para que su mesa sea duradera y resistente al agua, utilice pintura, aceite, poliuretano o cera.

3. Mesa de centro moderna

También puedes hacer una mesa de centro moderna tú mismo.

Dimensiones:

- 5 -1x3x8 tablas

- 2 - Tablas de 1x2x8

Procedimiento:

1. Para ello hay que llevar palets, tornillos, ruedas y cristales personalizados.

2. Basta con disponer y unir palets de igual tamaño mediante tornillos.

3. Junto a ella también se fijan cuatro ruedas en la parte inferior (las ruedas se pueden adquirir fácilmente en diferentes tiendas.

4. Cuando hayas terminado de formar una hermosa mesa de palets

cuadrada y sencilla, es finalmente el momento de ponerle un cristal personalizado.

4. Taburete de madera para el patio trasero

Si alguna vez has visto la parte superior del taburete de madera, que se ha doblado, sabes lo excesivo que pueden ser utilizados sin ningún obstáculo. Sin duda, incluso las sillas que no funcionan están sujetas a costar 250 dólares cada una.

En cualquier escenario, usted puede replicar el aspecto de las heces que se compone de madera y puede hacer su propio sin gastar mucho dinero en todo tipo de casos que tiene. Alrededor de $ 100 será su costo cada uno y no son difíciles de crear con todos esos tipos de material que se puede encontrar fácilmente en el centro para el hogar.

Dimensiones:

- Cantidad 2: 42" (patas traseras)

- Cantidad 2: 28 1/2" (patas delanteras)

- Cant. 6: 11" (tablero trasero y delantero)

- Cantidad 4: 13" (tablas laterales)

- Cantidad 2: 14 1/2" (tablas de asiento exteriores)

- Cantidad 3: 16" (tablas interiores de los asientos)

- Cantidad 2: 15" (soportes de asiento)

Procedimiento:

1. Póngalo en marcha moviendo una de las tablas de los extremos en su sitio y apoyando la placa base de la pared en el escenario.

2. Incline la pared hacia arriba y asegúrela con un espacio impermanente que puede implementar de una manera u otra.

3. Alinee la placa base con la ayuda de una línea utilizando tiza y coloque un par o más de tornillos de 2 pulgadas de longitud sobre el contenedor para mantener la base de la pared en su posición en el lado más inclinado.

4. Los tableros presentes en la parte superior de la casa son abrumadores y también pueden ser torpes, por lo que si quieres acertar, debes redondear todos los compartimentos que tienes delante.

5. Acogedor sofá de palets

Dimensiones:

- Corta dos travesaños horizontales de 2x4 para apoyar la parte superior y dos travesaños de 2x8 para los bancos. Corta una esquina de cada extremo de los travesaños del banco.

- Haga dos tirantes de 2x4 con extremos cortados a inglete a 45 grados para que vayan desde los lados hasta la parte inferior del tablero.

Procedimiento:

1. Ni siquiera te imaginas que puedes hacer un hermoso y acogedor sofá por ti mismo. Todo lo que necesitas tener es madera o palets de madera de pequeño tamaño, placas de acero inoxidable, y las piernas para hacer su sofá más duradero, un poco de estilo, y los últimos cojines.

2. Basta con unir los palets en la forma adecuada de sofá.

3. Ahora utiliza patas de acero inoxidable y cubre el sofá colocando cojines.

4. Colóquelo en el interior o en su jardín y disfrute de una acogedora sesión.

6. Silla columpio de paletas para exteriores

Dimensiones:

- 8 tablas de 2x4

Procedimiento:

1. Usando tu imaginación, puedes hacer milagros en diferentes proyectos de carpintería. Puedes hacer una silla de columpio de madera que se colgaría a algún árbol.

2. Utiliza palés y únelos con la ayuda de una cuerda fuerte.

3. Necesitarás suficiente cuerda para girarlas con el árbol alto.

4. Une cada paleta con la siguiente utilizando simplemente un cordón delicado.

5. Siéntese en la silla a cualquier hora del día y disfrútela.

7. Estantería para zapatos

Puedes hacer fácilmente un hermoso estante de exhibición para tu cuarto de barro. A nadie le gusta ver barro en la habitación, así que haz un zapatero para ti y sorprende a los demás.

Dimensiones:

- 2 - 1x4x8 (Piernas)

- 6 - 1x3x8 (Estantes)

- 1 - 2x2x8 (soportes de estantería)

Procedimiento:

1. Elige un lugar adecuado en tu casa y haz un zapatero vertical. Guárdalo tanto como pares de zapatos tengas.

2. Basta con utilizar palés rectos y unirlos de forma que quede espacio suficiente entre ambos para poder fijar el zapato.

3. Si quieres un aspecto natural, déjalo como está o si quieres un aspecto elegante, ¡píntalo!

8. Estantería

Para hacer una estantería en su jardín, debe tener piezas de madera aplanada, sin embargo, la fabricación de la parte superior de ellos en el escenario tiene circunstancias favorables. Si quieres ponerte manos a la obra, deberás prescindir de tantas herramientas de paso necesarias.

Además, puede fijar el material a los colores sin poner ningún esfuerzo y sin necesidad de trabajar por encima y en espacios abarrotados. Es necesario considerar adicionalmente que se verifique que el confinamiento sea cuadrado, y que el borde sea consumadamente recto antes de clavar el plafón.

Dimensiones:

- Una pieza de 1×12 de 24 pulgadas de longitud

- Tres piezas de 22 ½ pulgadas de longitud

- Dos piezas de 49 ¼ pulgadas de longitud

- 1×3 a 22 ½ pulgadas de longitud

Procedimiento:

1. Una vez cortadas todas las piezas de madera, utilizando una lijadora eléctrica (o lijando a mano también es aceptable si no tienes una lijadora eléctrica) querrás lijar a fondo cada pieza de madera con papel de lija de grano 80. Si compra madera "selecta", normalmente ya está lo suficientemente lisa como para no tener que lijar nada. Sin embargo, es mucho más cara, por lo que creemos que vale la pena el trabajo extra de lijarla nosotros mismos. El lijado sólo permite intentar que la tabla quede lo más impecable posible; elimina las protuberancias adicionales o las manchas de tinta dejadas por la empresa.

2. Una vez que las tablas estén lijadas, tendrá que perforar los agujeros de bolsillo utilizando la plantilla Kreg y su taladro. Los tres pedazos

de 1×12 que son 22 ½ pulgadas de largo necesitarán tres agujeros de bolsillo en cada extremo de un lado de la tabla. Habrá 6 agujeros de bolsillo en total en cada uno de esos tableros cuando se haya completado. Su pieza de 1×3 necesitará dos agujeros de bolsillo en cada extremo de un lado de la tabla para un total de 4 agujeros de bolsillo en esa tabla. Por último, sus dos piezas más largas de 1×12 necesitarán tener tres agujeros de bolsillo en un extremo en un lado que asegurará la parte superior juntos.

3. Ahora comienza el montaje. Coge tu pieza de madera de 24 pulgadas de 1×12 y apóyala contra algo sólido. A continuación, coge una de las piezas de 49 ¼ pulgadas de 1×12 y colócala justo enfrente de la otra tabla de pie y empuja las partes inferiores para que queden al ras una con la otra. La tabla más larga debe tener los agujeros hacia arriba y deben estar en el extremo que toca la otra tabla. Con los tornillos, alinea las tablas en cada extremo para que estén perfectamente alineadas y atorníllalas.

4. En el extremo opuesto de la tabla larga que acabas de fijar a la otra tabla, tendrás que fijar el trozo de 1×3. Alinee un extremo de la tabla más pequeña con el borde de la tabla más grande en el lado más cercano a usted (esta será la parte delantera de la librería). Asegúrese de que los agujeros del 1×3 están orientados hacia dentro. Atornille las dos tablas y luego dé la vuelta a todo el grupo de tablas que acaba de fijar. Las dos tablas más pequeñas soportarán la tabla más grande.

5. Fije la segunda pieza de 49 ¼ pulgadas de 1×12 al lado abierto del

marco que ha comenzado a construir. Hágalo de la misma manera que la otra tabla o como le resulte más cómodo, siempre y cuando las tablas estén alineadas entre sí.

6. Una vez que tenga el marco, asegúrese de que la parte delantera de la librería esté orientada hacia arriba (este es el lado que debe tener el 1×3). Coge una de tus tablas de 22 ½ pulgadas y colócala encima del 1×3 con los agujeros hacia fuera. Este será el fondo interior de la estantería. Tenlo en cuenta por la forma en que las tablas deben estar orientadas. Utilizando los agujeros en la parte inferior de la tabla, asegúrela en su lugar.

7. A continuación, colocará otra de sus tablas de 22 ½ pulgadas dentro del marco para hacer otro nivel dentro de la librería. Mida 16 pulgadas hacia arriba desde el nivel inferior que acaba de asegurar y atornille, de la misma manera que la última tabla, esa tabla al marco.

8. Mida 15 pulgadas desde esa tabla y coloque su último nivel dentro de su librería, siguiendo los mismos pasos que los otros niveles.

9. En este punto, si quieres hacer cualquier tipo de laca o tinción, querrás hacerlo ahora antes de poner la tapa trasera. En la foto hemos utilizado goma laca de color ámbar. Para hacer la goma laca, simplemente tome su pincel y ponga una buena capa uniforme en toda su estantería. Asegúrese de quitar el polvo antes de empezar a aplicar la goma laca. También asegúrese de no dejar ninguna gota o globo de goma laca, ya que se notará al secarse. Aplicamos una

capa y la dejamos reposar durante unas horas y luego aplicamos una segunda capa y la dejamos reposar toda la noche.

10. Una vez que la goma laca esté seca, tome su papel de lija de 1000 y, a mano, repase toda su estantería, ligeramente, no de forma brusca. Esto hará que la madera se sienta un poco más suave y uniforme. Vuelve a quitarle el polvo a la estantería.

11. Alinea el trozo de tablero de apoyo y asegúrate de que está a ras de la parte superior de la estantería, lo que hará que quede en el lugar y la longitud perfectos para la parte inferior de la estantería. En algunas de las principales madereras venden estas tablas de apoyo de este tamaño listas para usar, es una pieza de madera fina que es algo endeble y viene en varios tonos. Asegúrate de elegir un tono que combine con tu librería. Fija el tablero en su sitio con clavos de acabado a su alrededor, espaciados uniformemente.

12. Y ahí lo tienes... has construido tu propia estantería.

9. Camas de paletas para mascotas

Dimensiones:

- Tiras de 1 1/2 pulgadas

- Seis piezas de madera de la misma longitud que la altura total deseada.

Procedimiento:

1. Sorprendentemente estás en el lugar adecuado donde aprenderás a hacer una adorable y acogedora cama de madera para tus mascotas. Para hacer una cama para mascotas, reúna algunas paletas pequeñas, y darles una forma rectangular.

2. Puedes hacerla tan grande como creas que tu mascota cabrá en ella.

3. Utiliza un pequeño colchón y cojines para que sea cómodo para tu

mascota.

4. Además, puedes colocar en él algunos juguetes con los que a tu mascota le encantará jugar.

10. Casa de los pájaros

Dimensiones:

- Piezas laterales 5-1/2 x 5-1/2 pulgadas

- Piezas de techo: una de 6 x 7-1/4 pulgadas y otra de 5-1/8 x 7-1/4 pulgadas

- Fondo 5-1/2 x 2-1/2 pulgadas

Procedimiento:

1. Comience por afectar a una de las tablas de los extremos en el lugar y dejar que la placa base del divisor en el paso.

2. Incline la valla y asegúrela con un espacio impermanente que ya ha sido implementado.

3. Alinee la placa base con la línea de tiza y pase un par o más de tornillos de 2 pulgadas de longitud a través de la placa para mantener la base del divisor en su posición inclinada.

4. Los tableros de la parte superior de la casa son abrumadores y parecen ser torpes, por lo que debe redondear todos los compartimentos presentes si desea obtener una correcta.

5. Coloca las tablas en su posición e inclínalas hacia la parte delantera y hacia los separadores que hay en la parte trasera.

6. En ese momento, coloca taburetes dentro del edificio para dos ayudantes y empuja uno de los tableros hacia ellos.

7. Deslice el tablero por la azotea. Hasta que la boca de los pájaros caiga sobre la placa superior del divisor.

8. Asegúrese de que un borde se ajusta impecablemente a la parte superior de la pared presente en el interior. En ese momento, el tablero de la azotea se asegurará con algunos de los clavos a través de la boca de cada pájaro, que está presente en la placa superior que tiene el divisor.

9. A continuación, hay que cortar las piezas laterales de manera que tengan la forma de un triángulo. Coloca las piezas sobre el punto más alto de la cabecera e imprime los cortes que se han calculado. A continuación, la pieza de remate doblada cortando las puntas en cada extremo y serrando los dobleces con una sierra de calar y alisándolos después. Utilice el baile de estampación para trazar el puntal doblado, también.

11. Valla de jardín

Dimensiones:

- Postes de valla tratados a presión de 4in x 4in x 6ft

Procedimiento:

1. Deberías empezar a hacerlo teniendo todas las secciones montadas y apuntando desde arriba.

2. Alinee los bordes presentes en el exterior de las secciones inferiores con toda la zona que se encuentra en el lateral, llegue a empujarlos hasta el zócalo en el que lo va a colocar, y atorníllelos al separador.

3. Enfoque la sección superior en la cresta y hágala ajustada al sofito. Si comienza con las secciones que van por debajo de los tramos, debe envolver las esquinas con el tablero de esquina.

4. Cubra la tabla de la esquina delantera con la que está presente en el lado.

5. Completa la valla introduciendo los clavos de arriba a abajo y completándola desde fuera.

6. Sólo hay que dar el toque final y pintar los lugares superiores e inferiores antes de que se conozcan, luego sólo hay que calafatear y rellenar los huecos que han quedado debido a los clavos antes de pasar una capa extra de pintura a las superficies niveladas.

12. Escalera de madera

Los palets también se pueden utilizar para hacer una escalera para su casa. Para ello, necesitarás muchos palets para poder hacer una bonita escalera. Recuerda que este proyecto es muy complicado y requiere algunas habilidades especiales. Sin la ayuda de un experto, no podrás construirla rápidamente. Es arriesgado si no se hace correctamente. Pero quedará preciosa si consigues hacerla.

Dimensiones:

- Todos los peldaños deben ser del mismo tamaño (la subida y la bajada deben ser iguales en todos los peldaños)

- La anchura de cada escalón debe ser de al menos 2 pies y 8 pulgadas (los escalones domésticos normales suelen ser de 3 pies y 6 pulgadas)

- Altura máxima del escalón de 7 3/8 pulgadas

- Longitud mínima de recorrido de 10 pulgadas

- Los escalones de 44 pulgadas o más de ancho deben tener pasamanos a cada lado

- El código de incendios normalmente dice: no permita que las escaleras se eleven más de 12 pies sin proporcionar un aterrizaje. La longitud del rellano debe ser al menos igual a la anchura del peldaño de la escalera.

Procedimiento:

1. Tome la tabla que va a utilizar para el elevador y mida el ángulo hasta la esquina inferior izquierda y trace una línea.

2. Mida la altura de su subida desde la línea del paso 1 hasta el borde del tablero y trace una línea.

3. Mida la longitud del recorrido desde el punto de subida 90 grados y trace una línea

4. Ahora quiere fijar la parte superior del elevador a la estructura a la que quiere acceder. coloque el último elevador contra la superficie frontal y atorníllelo con perchas. coloque el segundo elevador a la distancia del escalón y atorníllelo con perchas. coloque cualquier elevador adicional entre ellos de forma adecuada.

5. Ahora que los elevadores están cortados y colgados todo lo que tienes que hacer es poner las tablas de los escalones. esto es agradable y fácil... cortar a la anchura correcta, colocar y atornillar subiendo los escalones para poner el siguiente.

6. Hecho

13. Comedero para pájaros

Dimensiones:

- Piezas laterales 5-1/2 x 5-1/2 pulgadas

- Piezas de techo: una de 6 x 7-1/4 pulgadas y otra de 5-1/8 x 7-1/4 pulgadas

- Fondo 5-1/2 x 2-1/2 pulgadas

Procedimiento:

1. Puede montar los laterales de los comederos para pájaros en cualquier nivel de superficie, pero es perfecto tener esa etapa en el nivel superior.

2. En primer lugar, haga líneas en la cubierta de madera

contrachapada con la que va a crear su obra maestra.

3. Las líneas deben estar a 5 cm de los bordes del escenario para que se vean dentro del borde de los divisores.

4. Mídelo para comprobar que las líneas son paralelas y están separadas entre sí. En ese punto, marca con tiza una línea en el centro.

5. Usted utilizará esta línea para asegurar que las placas superiores calculadas se encuentren en el interior.

8 PROYECTOS MEDIANOS

1. Mesa de centro de bricolaje

- Taladro

- Pistola de pegamento caliente

- Pintura o tinte

- Pecho o maleta

- Pistola de grapas

- Cinta métrica

- Patas y contenedores de almacenamiento

- Herrajes de la placa superior

- Terciopelo o tela

- Papel pintado

- Cordones o adornos

- Separadores de madera

Dimensiones:

- 5 -1x3x8 tablas

- 2 - Tablas de 1x2x8

Procedimiento:

1. Lija las maderas del palet y luego píntalas para complementar los colores de tu arcón. Examina con cuidado el arcón y retira cualquier tela rota para dar a tu mesa de centro de almacenamiento un aspecto ordenado.

2. Mide las patas y luego prepara las cuatro patas para fijarlas en el lugar correcto. Puedes utilizar una ametralladora para fijar los clavos y utilizar separadores de madera para hacer pequeños compartimentos. Será útil decorar los separadores de madera con papel pintado.

2. Carro para servir comida sobre ruedas

LO QUE NECESITAS

- Una paleta, y no tiene que ser muy grande

- Martillo y clavos

- Cuatro ruedas para el fondo

- Pintura o barniz (a su elección)

155

- Papel de lija

Dimensiones:

Para el carro:

- Patas -- ocho a 1-1/2" x 3-1/2" x 31-3/4"

- Bloques de rueda -- cuatro a 3/4" x 3-1/2" x 3"

- Rieles del extremo inferior -- dos a 3/4" x 3-1/2" x 22"

- Rieles del extremo superior -- dos a 3/4" x 3-1/2" x 18"

- Rieles laterales inferiores -- dos a 3/4" x 3-1/2" x 28-1/2"

- Rieles laterales superiores -- dos a 3/4" x 3-1/2" x 23"

- Camilla inferior -- una de 3/4" x 3-1/2" x 20-1/2"

- Listones inferiores exteriores -- dos a 3/4" x 5-1/2" x 30"

- Listones interiores del fondo: tres a 3/4" x 3-1/2" x 30"

- Rieles finales de almacenamiento -- dos a 3/4" x 3-1/2" x 22"

- Rieles laterales de almacenamiento -- tres a 3/4" x 3-1/2" x 28-1/2"

- Camilla de almacenamiento -- una de 3/4" x 3-1/2" x 15"

- Tope de bandeja -- uno en 3/4" x 5-1/2" x 15"

- Estante largo -- uno de 3/4" x 3-1/2" x 28-1/2"

- Estante corto -- uno a 3/4 x 3 1/2 x 15

- Bloques de asas -- cuatro a 1-1/2" x 3-1/2" x 3-1/2"

156

- Asas -- dos a 1" x 21-1/2

Para la bandeja:

- Extremos de las bandejas -- dos a 3/4" x 4-3/4" x 14-1/2"

- Fondo de la bandeja -- uno en 3/4" x 14-1/2" x 22-1/8"

- Lados de la bandeja -- dos a 3/4" x 3-1/4" x 23-5/8"

HACIENDO ESTE PROYECTO

1. Echa un vistazo a la imagen de abajo, de la estructura básica al revés si no estás seguro de cómo armar esto.

2. Tendrás que desmontar tu palet y utilizar las piezas para construir este carro rodante "desde cero". Es un proyecto excelente para construir con madera que no sea de palet si tienes o no puedes encontrar ningún palet.

3. Arma tu marco superior, utilizando dos trozos de madera y uniéndolos con dos piezas más cortas. Comprueba la foto para que se te ocurra mejor.

4. Utilizando trozos cortos de tablas de palet, cree una superficie superior sobre este marco completo.

5. Repita los dos pasos que estaban haciendo la superficie de almacenamiento inferior.

6. Utiliza cuatro trozos de madera para crear las patas y fíjalas todas.

7. Añade las ruedas en la parte inferior de las patas.

8. Lijar todo, terminar y pintar (si se quiere).

3. Estantería de tablones de paleta

Es un tipo de estantería sencillo pero eficaz. Lo mejor es que puedes hacer una en muy poco tiempo. Ni siquiera necesitas un palé entero para hacerla. Puedes utilizar cualquier tabla de madera vieja que encuentres. La madera de palet es, por supuesto, una de las opciones más baratas para los aficionados al bricolaje con poco presupuesto.

LO QUE NECESITAS

- Dos tablones de palet que sean al menos tan largos como la estantería que quieres construir
- Una sierra eléctrica (la sierra de mano servirá para este proyecto)
- Papel de lija
- Pintura o barniz (aquí también se puede elegir)
- Tornillos para madera
- Ganchos para colgar la ropa
- Cinta métrica
- Perchas para cuadros

HACIENDO ESTE PROYECTO

1. Mide la pared en la que quieres colocar tu estantería (o sujeta los tablones contra la pared y marca dónde tendrás que cortar)
2. Corta los dos tablones a la longitud adecuada
3. Con el taladro y los tornillos para madera, une los dos tablones en

un ángulo de 90 grados, a lo largo (mira la imagen terminada si no estás seguro de este paso). Perfora primero los agujeros para los tornillos para evitar que la madera se parta.

4. Marca el lugar donde quieres colocar los ganchos. Si no tienes ganchos de verdad, puedes utilizar cualquier cosa de forma similar, como los pomos de los armarios (ver la imagen). Puedes colocarlos de manera uniforme o como quieras.

5. Ahora que los agujeros están marcados, es el momento de perforar algunos agujeros y colocar los ganchos.

6. Los tornillos o pernos que has utilizado para fijar los ganchos pueden sobresalir de la parte trasera de la estantería. No puedes colocarla así en la pared, así que tendrás que serrar (con cuidado) el exceso de metal del extremo. Alísalo con papel de lija para que no raye las paredes.

7. Ahora puedes sujetar los colgadores de cuadros en la parte posterior de la estantería, espaciados lo suficiente como para proporcionar mucho equilibrio. Si no dispones de ellos, puedes arreglártelas con un alambre resistente. Asegúrate de que no se va a romper y dejar caer la estantería.

8. Ahora puedes colgar tu estantería, como lo harías con un gran cuadro.

4. Jarrón

Se pueden hacer muchas cosas increíbles y únicas con la madera. La madera tiene innumerables usos, y el límite es el cielo. Además de los muebles, también puedes hacer un montón de cosas de madera para decorar tu casa y tu entorno. Hay muchas piezas de decoración que están hechas únicamente de madera. Utiliza palets o troncos o consigue algún diseño único elaborando la madera, y vas a conseguir fantásticas piezas de decoración. Colócalas sobre la mesa o sujétalas con la pared. Todas ellas darán un aspecto fabuloso a tu hogar.

Dimensiones:

- El diámetro debe ser de 2 pulgadas

- La longitud también puede ser de 1,5-2,5 pulgadas

Procedimiento:

1. Para hacer este jarrón, necesitas algunos troncos de madera pequeños. Córtalos en el tamaño adecuado.

2. Ahora consigue algún jarrón o utiliza algún cubo viejo y une los troncos utilizando goma de madera para asegurar los troncos pequeños.

3. Ahora coloca en él las flores que desees. Este jarrón de madera puede colocarse en la mesa auxiliar. Además, también es una buena idea utilizarlo para las mesas de exterior.

5. Diseño montado en la pared

Ahora compruebe el siguiente diseño montado en la pared. Este diseño también es bueno para ir con. Puede empezar este proyecto de carpintería más sencillo para decorar las paredes de su casa.

Dimensiones:

Corta las maderas en diferentes longitudes (como desees) pero asegúrate de que tengan el mismo grosor

Procedimiento:

1. Corta y coloca la madera, como se muestra en la imagen.

2. Antes de montar con la pared, utilizando el vidrio en el centro, como se muestra. Este proyecto de carpintería decorará las paredes

de su casa de forma fantástica. Así que, ¿por qué no lo intentas?

6. Silla columpio de paletas de interior:

Después de un largo y ajetreado día, quieres liberar el estrés y la tensión. Una de las cosas más fáciles que puede hacer en este sentido es hacer una silla de columpio de paletas de interior para su casa por sí mismo. Es un gran proyecto de carpintería para los amantes del columpio.

Pero antes de empezar este proyecto, asegúrate de que el techo de tu casa es lo suficientemente fuerte como para soportar esta silla columpio y también tu peso. Si la parte superior no es tan fuerte, no la elijas para el interior en lugar de elegirla para el exterior.

Dimensiones:

- 8 tablas de 2x4

Procedimiento:

1. Para hacer esta silla columpio de interior, necesitas reunir y asegurar algunos palets.

2. Píntalos de blanco y coloca sobre ellos un acogedor colchón blanco.

3. Pero antes de poner el colchón, es necesario hacer algunas otras cosas. Por ejemplo, utilizar alguna cuerda o silla de metal para sujetar esta silla de columpio con el techo.

4. También puedes hacerlo con el árbol en caso de que sea al aire libre.

7. Marco de fotos

- Tablas verticales de madera de palet
- Clavos y martillo
- Papel de lija de grano 150
- Pegamento y pistola de clavos

Dimensiones:

- Ajustando la sierra de mesa a 1-1/2" (desde la hoja a la guía), corta

163

la tabla de madera en dos piezas de 4 pies de largo. Deben tener exactamente la misma anchura, así que pasa la más ancha de las dos por la sierra de mesa una segunda vez. (Por supuesto, si hubieras querido el marco más ancho o más estrecho, habrías ajustado la sierra de mesa en consecuencia).

INSTRUCCIONES:

1. Coge palets de madera y córtalos en trozos verticales para hacer un marco de fotos. Lijar la madera con papel de lija de grano 150 después de cortar la madera.

2. Puede seleccionar la forma y el diseño de su marco de fotos y fijar todas las tablas de madera con clavos y el martillo. También puede utilizar una pistola de clavos para mejorar las paletas entre sí.

3. Será útil elegir pintura blanca o marrón para dar un toque único a su marco de fotos. El tamaño de las tablas de madera de palet se basará en su necesidad de un marco de fotos. Usted puede aumentar o disminuir en base a sus preferencias.

8. Nevera rústica para bebidas

LO QUE NECESITAS

1. Al menos cinco paletas

2. Una lavadora eléctrica (si no puedes fregar la madera a mano)

3. Sierra Dremel

4. La nevera de su elección, del tamaño adecuado, por supuesto

5. Taladro de impacto

6. Lápiz para madera (o un lápiz normal)

7. Cinta métrica

8. Destornillador (cabeza plana)

9. Martillo

10. Alicates

11. Barra de apalancamiento

12. Tornillos para madera (tipo exterior)

13. Cola para madera de fuerte adhesión

14. Pernos

15. Bisagras

16. Tuercas en T

17. Broca de perforación

18. Babero para manguera

19. Mango

20. Acoplamiento de PVC (algunos refrigeradores no lo requieren)

21. Un asa

Dimensiones:

- 6 - Tablas de 1×4 a 8 pies.

- 5 - Tablas de 1×2 a 8 pies.

- 3 - Tablas de 1×3 a 8 pies.

- 1 - Tabla de 2×3 @4ft.

HACIENDO ESTE PROYECTO

1. Una vez que tengas los palets, deberás fregarlos o, preferiblemente, utilizar una hidrolavadora para dejarlos bien limpios. La madera saldrá muy bien si se utiliza una lavadora eléctrica.

2. Retira los tablones de madera de los palés. Asegúrate de que tienes suficientes para cubrir los lados de la nevera, con los tablones en horizontal.

3. Quita las ruedas, las asas, los cierres y las bisagras de la nevera, así como cualquier otra pieza de ferretería que pueda estorbar cuando la coloques en la estructura de madera que harás a continuación.

4. Tu nevera va a necesitar cuatro patas. Coge ocho listones de madera (dependiendo de lo grande que sea la tuya) y corta trozos de 32 pulgadas de longitud.

5. Une 2 de tus listones a 90 grados en sentido longitudinal, con tornillos y cola. Asegúrate de perforar previamente antes de insertar los tornillos para evitar que se parta la madera. Haga esto de nuevo, haciendo dos labios para las longitudes superiores de su nevera.

6. Une los labios con dos trozos de madera.

7. Mide la altura de la nevera y calcula cuántas tablas de madera

necesitarás para hacer los laterales.

8. Para hacer una pata, une dos trozos de madera a 90 grados, como hiciste con el labio superior. Asegúrate de que son lo suficientemente largos como para ir desde la parte superior de la nevera hasta el suelo, pasando por la base de la nevera.

9. Ahora puedes unir el labio superior, las piezas laterales y las patas, como en la imagen.

10. Haz la tapa, crea de nuevo dos labios, únelos con trozos cortos de tablón y utiliza trozos de tablón para cubrir la parte superior.

11. Fija la tapa con sus bisagras, y ya está listo.

9. Porta-lápices oxidados

También puedes decorar tu mesa de estudio haciendo portalápices oxidados. Si quieres crear algo para tus hijos, no dejes de probar este proyecto. Estos portalápices oxidados tienen un aspecto fantástico cuando se colocan en la mesa de estudio. Además, a tus hijos les resultará cómodo identificar y coger los lápices de estos portalápices. Además, su hijo encontrará el color deseado con sólo girar el portalápices. Así pues, ayude a su hijo a encontrar el lápiz adecuado o el color de lápiz de su elección con este portalápices.

(Nota: NO SE HACEN DIMENSIONES POR EL CORTE PARA EL LECTOR SOLO TIENE QUE ENCONTRAR UN REGISTRO DE SU ELECCIÓN)

Procedimiento:

- Este portalápices no es tan difícil de hacer ya que sólo necesitas un tronco. Consigue un tronco de tamaño adecuado que pueda encajar perfectamente en la mesa de estudio.

- Además, no debe ser tan pesado. La razón es que a veces surge la necesidad de llevarlo a cualquier parte de la casa porque, con mayor frecuencia, a los niños no les gusta estudiar en un solo lugar.

- Así que, para hacer esto, los portadores de lápices consiguen un tronco y hacen algunos agujeros utilizando máquinas de perforación.

- Los agujeros deben ser lo suficientemente profundos como para

168

sostener los lápices.

5 PROYECTOS DIFÍCILES PARA JÓVENES TRABAJADORES DE LA MADERA

1.Caja con tapa

- Herramientas y materiales necesarios

- Cinta métrica o regla

- Sierra o sierra de mesa y una caja de ingletes

- Abrazaderas pequeñas

- Pegamento

- Madera de 1x4

- Lijas

- Empezando por el final, mida y corte estos y trate de hacerlo con precisión.

Dimensiones:

- Tablas de 4 a 7 pulgadas de largo
- Tablero de 1-8 ½ pulgadas
- a tablas de 5 pulgadas

Procedimiento:

1. En primer lugar, tome la pieza de 7 pulgadas y luego coloque una fina capa de cola para madera en ambos bordes largos.

2. A continuación, coloque dos o más tablas de 7 pulgadas en estos bordes pegados para hacer una forma de U. Asegúrate de que los extremos están alineados y todo está recto.

3. Después, sujeta los extremos sin apretarlos.

4. A continuación, coloque la última tabla de 7 pulgadas en la parte superior, sin pegamento, y aplique una abrazadera para mantenerla allí. Esta tabla es sólo para asegurar que los lados están rectos y que el hueco de arriba no es más amplio que el hueco de abajo.

5. Apriete todas las abrazaderas comprobando que las tablas no se desplacen. Si se trata de una zona de encolado considerable, las piezas se moverán un poco la mayoría de las veces.

6. El siguiente paso es dejar secar la tabla durante una hora aproximadamente sin tocarla.

7. Cuando esté seco, puede retirar todas las abrazaderas. Las juntas pueden estar todavía tiernas. A continuación, coloque la tabla de

7', que está sin pegar a un lado.

8. En los dos lados de los bordes en forma de U, coloque una fina capa de pegamento.

9. Coloca las tapas de ambos extremos, y debes tener cuidado al alinear los bordes.

10. Sujeta con abrazaderas las dos tapas de los extremos y deja que el conjunto se seque durante la noche.

11. Al día siguiente, retire las abrazaderas.

12. Ahora, tome la última tabla de 7 pulgadas y compruebe el ajuste dentro de la parte superior. No debe estar demasiado apretado, pero debe estar cerca.

13. Tome la tabla de 8 ½ 'y midiendo, dibuje una línea de ¾ de pulgada de cada lado. Esa última pieza de 7' debe encajar limpiamente entre las líneas.

14. Aplica pegamento para un lado completo de ese tablero de 7' y luego ponlo entre las líneas del tablero de 8 ½'. Cuando el pegamento se haya secado, puedes soltar las pinzas y comprobar el ajuste de la tapa. Luego puedes lijar y pintar si lo necesitas.

2. Cuchara de madera

- Herramientas que necesitará

- Un hacha

- Martillo

- Cuña

- Cuchillo

Cuchillo para cucharas: Puedes comprarlo en línea o en una ferretería local.

Dimensión:

Necesitas un tronco de madera que sea 10-15 cm más largo que la cuchara de madera que vas a hacer. Debe estar recién cortado. La madera, que no se utiliza de inmediato, se puede dejar un poco de hierba alta. Así, estará húmeda y podrás trabajar con ella durante 2-4 semanas.

Se puede utilizar todo tipo de madera. Pero los árboles frutales serán los mejores. En este caso, utilizamos la madera de manzano como ejemplo. Es duradera y dura.

1. Ahora debes martillar y calzar. Dividir el tronco para obtener cuatro piezas.

2. Aquí hemos utilizado un trozo de carbón para dibujar la forma de la cuchara. Puedes cortar la forma aproximada al dibujo utilizando el hacha. Si quieres dejar la madera o terminarla más tarde, colócala en un cubo de agua o en una bolsa de plástico en la nevera.

3. Puedes dar forma a la parte exterior de la cuchara con un cuchillo y cuando esté lisa, haz el cuenco con un cuchillo de cuchara. Por último, talla en el extremo del mango.

4. La cuchara debe estar seca antes de lijar. Dependiendo del tiempo, puede tardar de tres a cinco días.

5. Puedes utilizar aceite de linaza. Ponga una capa gruesa de aceite y déjela reposar durante unas horas, y después, retire los restos con un papel de cocina. Déjalo secar toda la noche. Al día siguiente, añade cera. La cera puede proteger la cuchara de los dedos sucios y se lava cuando se lava por primera vez.

6. Su cuchara está lista

3. <u>Dispensador de gominolas</u>

Dimensiones:

- Dos piezas de madera de 4"x4" de grosor 7/8"

- 1 pieza de madera de 31/2 "x31/2" y 11/2" de grosor

- 1 pieza de madera de 31/2"x31/2" de grosor.

- 1 pieza de madera de 61/2" a 10" de largo, de 1" de grosor y 1" de ancho

- Una clavija de 1/4"

- Al menos 11/2" de largo y 1" completa exactamente la pieza de madera fina

Otros materiales:

- Un tarro Mason y una tapa.

- Las colas de madera

- Uñas diminutas

- Broca de 1/2"

- Broca de 3/4" o 15/16"

- Una sierra de mesa

- Una sierra de cinta o de marquetería

- Cinta métrica

- Cuadrado

- Martillo

- Punch

- ¡¡Gominolas!!

Procedimiento:

1. Corta toda la madera a la medida y marca 4x4" arriba y abajo.

2. Encuentre el centro del bloque superior y luego perfore un agujero con la broca de 3/4" o 15/16".

3. A continuación, aparta las dos piezas.

4. Toma un trozo de 31/2" por 31/2" y el trozo largo que tienen el mismo ancho.

5. Ponga la pieza superior de 4x4" y luego colóquela encima de la fina de 31/2"x31/2".

6. Con un lápiz, marque un punto en la pieza de 31/2" a través del agujero para conocer el lugar de la pieza larga.

7. Centra la pieza larga sobre ese punto y marca dónde está.

8. Haga las líneas de 1/16' más grandes y recórtelas en cualquier sierra y asegúrese de que sea uniforme.

9. A continuación, pega con cuidado y clava la madera que has cortado en la pieza de 31/2x31/2".

10. Coge la pieza de madera larga y haz una línea de ½" hacia abajo.

11. Encuentre el centro de esta pequeña sección con una broca de 1/4" y luego perfore un agujero en el centro. Recuerde no perforar a través de la madera, sino ir muy abajo.

12. A 3" de ese agujero que hiciste, marca un espacio de 11/4".

13. Fue girando que en su lado, marque una línea 1/6 "por encima de la parte inferior. A partir de ahí, hacer dos 300 ángulos que bajan un poco más de la longitud de la madre regular.

14. Corta este espacio.

15. Coge la broca de 1/2" y haz un pequeño círculo en la ranura que has hecho. Ayudará en el desprendimiento de la gomita fuera de la ranura.

16. Coge los bloques de 31/2" y centra, clava y pega la parte superior

y las piezas inferiores de 4x4". Asegúrate de que el orificio de la parte superior esté directamente encima de la abertura de las piezas de madera. Debe deslizarse sin esfuerzo y encajar perfectamente si no se lija o se corta por los lados.

17. Una vez hecho esto, coge una espiga de 1/4" y ponla en el agujero pequeño.

18. En la pieza de madera larga, marque el pasador para que vaya por encima de la pieza superior de 4x4".

19. Corta y pega dentro del agujero.

20. Coge la madera de desecho fina y corta un trozo de 1/2" más significativo que la parte trasera del mecanismo.

21. Asegurándose de que la madera está dentro de la abertura, puede pegar la parte trasera y, si quiere, añadir un pequeño clavo.

22. Ahora puede tener un dispensador que funcione sin el tarro superior.

23. Coge la tapa del tarro y asegúrate de que hay un agujero más grande que el de la pieza de madera superior.

24. Haz unos seis agujeros del tamaño de tus uñas pequeñas con cuidado.

25. Centre la tapa en la parte superior del dispensador.

26. Clávalo en su sitio con cuidado utilizando un punzón y un martillo.

27. Ahora ponte el frasco y ya casi has terminado el proceso.

28. Borra las marcas de lápiz y añade una capa de barniz, poliuretano o pintura. Ahora tienes un dispensador de gominolas muy chulo.

4. Montaña de la estantería

Diseño

Dimensiones:

Esto puede variar dependiendo de su elección, pero aquí están las posibles dimensiones de cada estante:

- 11.25"- 12"

- 5.5" – 8"

- 5.5" -9.25"

- 3.5" – 5.5"

- 15"-18"

Procedimiento:

1. Siga las medidas de seguridad al hacerlo.

2. Utilice una sierra circular para hacer cortes transversales para cortar las tablas a la medida. El total de cortes es de 49.

3. Puedes conseguir tablas en una tienda de cajas y tener cuidado al elegir.

4. Disponga las tablas de manera que el mejor lado sea visible.

5. Después de cortar, etiquetar las tablas con las longitudes.

6. Sujete la tabla y fije dos piezas de desecho a cada lado para tener más superficie sobre la que apoyar la guía de perforación.

7. Si tiene centros de espiga adecuados, puede perforar un agujero de 3/8" en la veta final de las piezas verticales primero y ofrecerlas a las piezas horizontales con los centros de perforación en su lugar para marcar las posiciones de los agujeros correspondientes.

8. Si no hay centros de perforación, corte las cabezas de los dos tornillos para dejar la rosca y la punta, encerrando la rosca con cinta adhesiva para adaptarla al agujero piloto de 5mm. El agujero piloto debe ser perforado, de modo que sólo la punta del tornillo sobresalga, y cuando se alinee con la tabla de acoplamiento, pondrá dos marcas con las que podrá centrar los agujeros.

9. De este modo, se asegurará de que los tacos siempre encajen y se alineen. Si puede medir y taladrar con precisión, esto no será necesario. Pero es poco frecuente.

10. Las tablas verticales exteriores tienen tirantes y tacos que las unen, y

las piezas verticales interiores entre los estantes de la izquierda no tienen tacos ni fijaciones.

11. Con los agujeros taladrados, debe dejar caer tacos con un poco de adhesivo para madera en los agujeros de la veta de acabado. Esto ayuda a que la librería se descomponga en plano y sea fácilmente transportable.

12. Por medio de las piezas cortadas, penetradas, y las espigas insertadas, se puede fijar un ajuste en seco de todas las piezas para confirmar que encaja recogido en el orden correcto.

13. Una vez completado el ajuste en seco, puede tomarse su tiempo para etiquetar la parte trasera de las tablas para apoyar el montaje más tarde.

14. En este, hemos etiquetado las tablas "H" como horizontales y "V" como verticales. La numeración se realiza desde el suelo hacia arriba y de izquierda a derecha. Esto dará una designación única para cada pieza.

15. En la intersección de cada pieza, debe escribir en los extremos, la pieza que conecta, para proporcionar un orden y una posición específica.

16. Coloque los tirantes de las esquinas en las esquinas exteriores de la parte trasera para evitar que se acumulen.

17. Hay que proteger la madera blanda. Para ello, puede optar por un tinte oscuro y un acabado de poliuretano.

18. Desmonte los estantes y luego coloque la parte trasera sobre tacos de madera de desecho para levantarla del suelo y proporcionar un mejor

acceso.

19. La capa inicial debe dejarse secar durante la noche y lijarse con papeles de grano 80 y una lijadora eléctrica para eliminar la mancha de los niveles altos de grano y hacerla resaltar.

20. A continuación, se puede aplicar una capa adicional de Bombay Mahogany, que es diversa con Minmax Ebony

21. Hay que teñir en 5 partes de caoba por 1 parte de ébano para oscurecer las manchas. Puede dar un aspecto más envejecido.

22. Unir todas las piezas en el orden marcado. La sección en T, que sobresale, también se unirá con los tacos en la junta. Pero tiene placas de unión planas atornilladas en la parte inferior para unirlas. Hay un soporte de esquina en el panel vertical exterior para mantenerlo alineado con otras piezas.

5. Mesa de picnic

Los dos bancos

Dimensiones:

- Corta cuatro patas de 2x8, cortando a inglete la parte superior e inferior de cada pata a 22 grados.

- Corta dos travesaños horizontales de 2x4 para apoyar la parte superior y dos travesaños de 2x8 para los bancos. Corta una esquina de cada extremo de los travesaños del banco.

- Haga dos tirantes de 2x4 con extremos cortados a inglete a 45 grados para que vayan desde los lados hasta la parte inferior del tablero.

- Corta tirantes centrales de 2x4 para los bancos y la parte superior.

Procedimiento:

1. Aquí hemos utilizado varillas roscadas m8 para conectar las construcciones de las patas. En total, tenemos que utilizar 24 cada 16 cm y cortarlas cuando la mesa esté lista.

2. La mesa

3. Cortar piezas para cada pata.

4. Atornillar todo junto

5. Las piernas no deben ser más bajas que la conexión de dos por cuatro.

6. Las conexiones horizontales están a 50 mm del suelo, por lo que no se tambalea en superficies irregulares.

CONSEJOS Y TRUCOS PARA EL JOVEN CARPINTERO

Empezar con proyectos sencillos

Una de las mejores sugerencias que puede escuchar un aspirante a carpintero es centrarse en proyectos más pequeños antes de pasar a otros más grandes. Puede ser más fácil decirlo que hacerlo, especialmente si está empeñado en invertir en todo el equipo de carpintería que hay en el mercado. Al presentarle muchas opciones de herramientas a lo largo de este libro, es de esperar que se le hayan dado oportunidades sobre las herramientas para trabajar la madera que son adecuadas para usted en este momento. Como con cualquier afición, invertir en la carpintería costará algo de dinero, pero tampoco es la afición más cara que existe. Además, cuando empiezas con proyectos sencillos, tienes más posibilidades de perfeccionar tus habilidades y crecer, en lugar de abrumarte y perder la oportunidad de aprender una o dos técnicas nuevas. La carpintería se basa en el proceso, en el aprendizaje y en ver a dónde puede llevarte el proceso.

Junto con esta idea, también es importante entender que trabajar la madera no siempre consiste en limitarse a juntar trozos de madera y crear diseños únicos. El diseño debe hacerse en papel antes de colocar el cincel, o la sierra, o la órbita, a la madera en cuestión. Otro tipo de cosas en las que deberías centrarte a medida que desarrollas más y más tu afición. Incluye tener una configuración adecuada de las herramientas, ser capaz de hacer la superficie y lijar su trabajo correctamente, hacer una investigación adecuada antes de tiempo, y luego unir todos estos tipos de ideales.

No todo es el oficio en sí mismo

Otro consejo útil que puede poner en perspectiva la afición de trabajar la madera es la idea de que no siempre se trata de la búsqueda de la madera en sí misma. Significa que probablemente también habrá momentos en los que tendrá que considerar cómo elegir correctamente la madera. Incluso cómo prepararla para que resista los elementos en los que piensa utilizarla. Luego, podría decirse que lo más importante es entender las características únicas de cada tiempo de la madera que se puede utilizar en la carpintería. Sin conocer estos detalles íntimos de la madera con la que está trabajando, es mucho más probable que cometa errores que empañen la belleza y la durabilidad de su proyecto a largo plazo.

Por ejemplo, yo mismo he incursionado en el mundo de la madera, y uno de mis proyectos más recientes fue una mesa de granja. Quería ahorrarme unos 700 dólares construyendo la mesa en lugar de pedirla y que me la enviaran de una tienda, así que decidí intentarlo. Esta mesa de granja no era complicada en absoluto, y se basaba en gran medida en las plantillas de agujeros para su diseño. Seguí las instrucciones paso a paso y todo parecía estar bien. Utilicé madera de pino para este proyecto y no hice la investigación adecuada de antemano para saber que la madera de pino es bastante blanda y necesita mucho espacio para respirar. Esta necesidad de más espacio para que la madera se expanda y se contraiga en última instancia condujo a la grieta gigante en el centro de mi nueva mesa de casa de campo que desde entonces he parcheado con un poco de relleno de madera. La moraleja de esta historia es que si hubiera hecho mi investigación de antemano, habría llegado a entender que las plantillas de agujeros de bolsillo no son una forma duradera de diseñar una mesa. También habría aprendido que toda la madera necesita una cierta cantidad de espacio para respirar una vez que se perfora (o se une) en su lugar.

Sea prudente en sus inversiones

Es posible gastar una gran cantidad de dinero en materiales para trabajar la madera. Este libro ha tratado de proporcionarle información objetiva sobre el coste de las herramientas, pero el hecho es que la calidad a menudo va a triunfar sobre la cantidad. Por ello, no debe intentar ser demasiado frugal a la hora de elaborar su inventario de herramientas para trabajar la madera. Una vez que haya investigado y haya decidido comprar una herramienta en particular, tómese el tiempo para investigar otros proyectos que pueda practicar más allá del que tiene en mente. Además, también debería trabajar para no comprar herramientas muy especializadas. Estas herramientas pueden ser útiles para un tipo de proyecto, pero después de que ese proyecto esté terminado, ¿qué se supone que vas a hacer con esta herramienta para obtener el valor de tu dinero? Es esencial pensar en este tipo de factores antes de invertir su dinero en herramientas para trabajar la madera.

Esté atento a las estrategias múltiples

Como usted está bien informado, Internet está lleno de información sobre cómo puede lograr un mismo objetivo de múltiples maneras. Con la carpintería, esto no es diferente. Mientras que usted puede haber visto que la manera más fácil de ir sobre la construcción de algo es usando una herramienta particular, esto no significa que usted tiene que comprar necesariamente este equipo y realizar el trabajo de esta manera exacta. En cambio, siempre debe tomarse el tiempo e investigar cómo puede hacer algo con las herramientas que tiene primero. Hoy en día, es probable que siga habiendo formas creativas de lograr rápidamente el objetivo que tiene sin adherirse al método más popular. Claro, esto puede significar que en algún momento tengas que hacer las cosas de una manera un poco más difícil aunque exista una forma más cómoda, pero no tengas miedo de desafiarte a ti mismo.

Sé fiel a ti mismo y a tu oficio

Aunque apenas esté comenzando a conocer los entresijos de la carpintería y lo que puede ofrecer a su vida, esto no quiere decir que llegue un momento en su vida en el que se dé cuenta de que le apasiona increíblemente la carpintería. La verdad es que el trabajo de la madera requiere concentración, pasión y disciplina para lograr el éxito y productos hermosos. Tanto si sueña con diseñar muebles grandes y laboriosos como con baratijas más pequeñas e intrincadas para amigos y familiares, no debe tener miedo de lanzarse a esta apasionante afición. Si es así como se siente en última instancia, debe asegurarse de dedicar tiempo a la carpintería dentro de su ya ajetreado estilo de vida. Cree el espacio a su alrededor para poder abrirse a la carpintería, y este espacio debe ser tanto financiero como espacial. Nadie sabe adónde le llevará el trabajo de la madera, pero depende de usted descubrirlo. Invierte tu tiempo en tu interés. Abre la tienda online, lee libros de la biblioteca sobre técnicas de carpintería y pequeños proyectos. Es una afición única en el sentido de que debes hacerle un verdadero hueco en tu vida para que te funcione. Tú eres el único que tiene el poder de adaptar tu estilo de vida de manera que esto ocurra.

SAWS

Empezar el proyecto: Cortar y dar forma

Corte de madera en forma de banco (obra de Floor Nicolas)

Una vez que tenga listo su Woodstock, es el momento de empezar a construir el proyecto. Aquí, cortar y dar forma a las piezas correctamente es fundamental para garantizar que todo encaje correctamente al montar todo el proyecto. Evitar la mayor cantidad de residuos posible también es crucial en esta etapa.

Aquí es donde los adultos pueden preocuparse mucho por ti, pero este libro pretende ayudarte con estas herramientas. Sigue leyendo y aprende.

Corte con herramientas manuales

Al cortar a mano, la sierra manual será su herramienta principal (si no la única). En este caso, es esencial elegir el tipo de sierra adecuado para cada corte. Como ya hemos dicho, hay dos sierras que se utilizan habitualmente para la mayoría de los proyectos: la sierra de corte al hilo y la sierra de corte transversal. La sierra circular divide la madera a lo largo de la veta, mientras que la sierra circular corta a lo largo de la veta.

Entonces, ¿qué sierra debe utilizar primero? Una forma excelente de decidirlo es trazar los cortes que va a realizar para cada pieza. Marque un esquema de los cortes de madera y determine qué tipo de corte va a realizar más y comience con la sierra apropiada para ese corte en particular. Por ejemplo, al cortar vigas y tablones de madera a la medida, una sierra de corte transversal será su elección, ya que la mayoría de las veces va a hacer cortes a través de la veta de la madera. Sería mejor terminar todos los cortes con una sierra primero antes de pasar a la otra para ahorrar tiempo.

Una cosa complicada cuando se cose a mano es conseguir que el corte sea lo más recto posible, aunque un pequeño bache pueda hacer que el corte se desvíe. En este caso, la forma de realizar el trazo es crucial. Empieza por agarrar bien y con firmeza el mango de la sierra. Colóquese sobre la pieza a cortar. Asegúrese de alinear su vista de manera que la hoja de sierra esté enfocada en su línea de visión. A continuación, con la hoja de sierra alineada a la marca, que ya ha hecho. Asegúrese de que sus codos estén cerca de su cuerpo para contrarrestar su tendencia natural a mover la hoja en ángulo.

Para realizar el primer corte, o el corte inicial, utilice el pulgar o el nudillo del pulgar de la mano que sujeta la madera para que le sirva de guía. Coloque la hoja de sierra sobre el punto inicial de la marca de corte en el lado del corte. Realice unas cuantas pasadas cortas para crear la ranura inicial. Una vez que haya hecho la ranura, proceda a dar pasadas largas y fluidas para que los dientes de la hoja de sierra corten completamente la pista.

Una cosa importante que hay que recordar es que no hay que presionar la sierra en un intento de hacer que cada golpe corte más profundo, ya que esto sólo le cansará más rápido. Deje que la sierra se mueva con la mayor naturalidad posible. En caso de que su corte se desvíe de la dirección deseada, vuelva a empezar desde la parte superior de la marca y evite tratar de girar y doblar la hoja para recuperar la posición correcta.

Al serrar a lo largo de la veta de la madera, a veces se encontrará con lo que se conoce como atascamiento. El atasco se produce cuando la ranura del corte se cierra sobre la hoja de sierra, dificultando su extracción. Puede resolverlo clavando un clavo en la ranura para mantenerla abierta. Recuerde acercar el clavo hacia usted a medida que avanza en el corte.

Corte con herramientas eléctricas

Serrar a mano puede ser una tarea tediosa, especialmente si hay muchas piezas que cortar. Las herramientas eléctricas facilitan el trabajo al permitirle cortar de forma más rápida y limpia. Sin embargo, los carpinteros novatos deben familiarizarse primero con estas herramientas, ya que incluso un ligero desliz de la mano puede arruinar un buen corte. Las dos herramientas eléctricas más empleadas para cortar madera son la sierra de calar y la sierra circular.

1. Sierra de calar

Lo mejor de la sierra de calar es que viene con una variedad de cuchillas que le permiten cortar diferentes materiales y de diferentes maneras. Antes de empezar a cortar, elija la hoja adecuada para la tarea que vaya a realizar. Por ejemplo, si quiere hacer un corte fino sin mucho astillado, seleccione una hoja de "corte descendente". Para cortes más rápidos, las cuchillas más gruesas son la elección.

Con la hoja de sierra elegida firmemente acoplada a la sierra de calar, puede comenzar el corte. Asegúrese de fijar la pieza a cortar firmemente en una mesa, banco u otro soporte. Utilice abrazaderas, si es necesario, para mantener la pieza firmemente en su sitio. Para cortar una línea recta, coloque la sierra de calar en el extremo de la línea de corte y asegúrese de que la hoja está alineada con la marca. Sería útil utilizar una guía elevada, como una tabla, para apoyar la zapata de la sierra de calar (la parte inferior) y evitar que se desvíe. Corta despacio y con constancia, y no fuerces tu peso sobre la herramienta.

Una técnica útil cuando se hacen recortes para agujeros o piezas con forma con la sierra de calar es el corte de inmersión. El corte de inmersión crea el agujero inicial desde el que se procede al siguiente corte. Para generar este corte, incline la sierra de calar sobre su extremo. Asegúrese de que la hoja de la sierra va paralela a la superficie de la madera. Luego, con el peso de la herramienta apoyado en la parte delantera de la zapata. Haga funcionar la sierra de calar al máximo e inclínela lentamente hasta que la hoja toque y atraviese el grosor de la pieza de madera.

2. Sierra circular

La sierra circular es especialmente adecuada cuando se trata de piezas grandes como madera, MDF o contrachapado. Una cosa que hay que tener en cuenta es que, como la hoja corta en la carrera ascendente, el lado más limpio está en la parte inferior de la pieza que se está cortando. Para reducir la necesidad de limpieza, coloque la madera que va a cortar con la superficie que desea mostrar en el producto final del fondo.

La herramienta se prepara para el corte de forma muy parecida a la sierra de calar, con las hojas y los ajustes elegidos en función del trabajo a realizar. Para ajustar la profundidad de corte de la hoja, añada al menos de 5 a 10 milímetros al grosor total de la pieza que va a cortar. Por ejemplo, si va a cortar una madera de 40 mm, ajuste la profundidad de corte de la hoja a 45-50 mm.

Al preparar la madera, asegúrese de dejar suficiente espacio para que la hoja pase por debajo de la zona donde se va a realizar el corte. También es posible que desee asegurar la pieza a cortar con mayor firmeza en el soporte clavándola.

Con la hoja de sierra circular ajustada a la profundidad de corte deseada, alinee las muescas de la guía con la marca del lápiz, alineando primero la marca con el lado derecho de la sierra y luego alineando la marca con el hueco delantero. Para cortar, ponga en marcha la herramienta y empújela a través de la pieza con la fuerza justa para que se deslice por el material. Vigile la base de la sierra durante el corte, asegurándose de que siempre esté plana sobre la madera que se está cortando. Una vez realizado el corte, compruebe que el protector de la hoja vuelve a su posición normal.

Dar forma a la madera

Para la mayoría de las piezas, puedes construir artículos como mesas y sillas a partir de vigas y tablas cortadas. Si quieres añadir toques decorativos, como reposabrazos curvados o pomos, tendrás que darle forma a la madera. Hay varios métodos diferentes para dar a la madera la forma deseada, pero nos centraremos en el moldeado por desecho, que es la eliminación de material hasta conseguir el aspecto deseado. El corte se considera a veces como dar forma por destrucción.

Un cuenco con forma de una sola pieza de madera

Dar forma a la madera a mano ha sido una práctica habitual durante milenios. Las tres herramientas más comunes empleadas por los carpinteros para dar a sus piezas las formas deseadas son el cincel, el cepillo y la escofina.

1. Cincel

El cincel es sin duda el más reconocible de los tres, ya que se asocia con frecuencia a los talladores de madera. Como ocurre con cualquier otra herramienta, el resultado de una pieza cincelada dependerá en parte de la calidad del cincel que tenga. Antes de empezar, asegúrese de que todos los cinceles que utilice estén afilados y de que las hojas estén bien sujetas a los mangos.

Para empezar a recortar (quitar material), marque la curva deseada golpeando con cuidado el cincel en el borde de la madera, siguiendo un contorno predeterminado. Con una sierra de mano, corte todo el exceso de madera que pueda fuera de la curva hasta que quede una pieza angular con la forma deseada. Para dar a la madera la forma final, coloque la hoja del cincel de manera que quede ligeramente inclinada contra la superficie de la madera. Coloque su mano libre en la parte superior del filo y presione firmemente sobre la madera. Introduzca el cincel en la madera con la otra mano hasta que afile algo de material. Para asegurar la profundidad del corte, sube o baja el ángulo del mango del cincel.

Para crear cortes más profundos que los que se pueden hacer con el cincel, hay que cambiar a un cincel más firme. Utilice un mazo en lugar de un martillo cuando utilice este cincel, ya que el mazo absorbe más el impacto, evitando que se dañe el mango del cincel. Evite partir o dañar la madera tomando sólo rodajas finas de material. Además, golpee el mazo sólo con la fuerza necesaria para clavar la hoja del cincel en la madera.

2. Plano

El cepillo de mano es útil para eliminar pequeñas cantidades de material de las piezas, como cuando se redondea el borde de una tabla. Para obtener los mejores resultados, el cepillo debe ajustarse en función del corte deseado. Si va a utilizar el cepillo de mano para dar forma en general, afile la plancha a un ángulo de unos 25 grados. El ángulo debe ser ligeramente inferior para las maderas más blandas, mientras que las maderas más duras necesitan un ángulo más alto para el cepillo.

Para empezar a dar forma a la pieza de madera, haz avanzar la plancha al máximo hasta que quede a ras de la boca del cepillo y ajusta la cuchilla hasta que quede paralela a la suela de la herramienta. Retírela de nuevo y haga cortes de prueba en una tabla de desecho, avanzando lentamente la plancha hasta obtener virutas finas como el papel en toda la longitud de las suelas.

Con la madera sujeta en un soporte práctico, marque la zona que desea afeitar. Es conveniente que se mantenga en ambas caras de la tabla, ya que si se afeita sólo una cara se puede quitar más material del que se desea. Al afeitar, dé golpes largos y uniformes que recorran toda la longitud de la tabla o pieza, sujetando el cepillo con ambas manos. Deje que el cepillo salga del borde de la tabla y empuje las virutas fuera de la superficie.

3. Escofina

Las escofinas funcionan de forma similar a un papel de lija muy grueso. Por lo general, se utilizan para igualar y alisar las curvas en su forma final durante el acabado. Sin embargo, también pueden crear curvas poco profundas en el cuerpo de la madera durante el moldeado inicial.

HERRAMIENTAS MANUALES O ELÉCTRICAS PARA TRABAJAR LA MADERA

Ahora que ya tiene una ruta algo exacta para empezar a desarrollar la carpintería como afición, profundizaremos aún más en el tema. Esta parte examinará los tipos de herramientas de mano que un carpintero principiante debería comprar y por qué. Recuerde, no tiene que matar su cartera comprando toneladas de equipo al principio, pero estos tipos de herramientas de mano le permitirán desarrollar habilidades esenciales que necesitará a medida que avance hacia el perfeccionamiento de sus habilidades más adelante. Algunos carpinteros veteranos a veces emparejan sus herramientas manuales con sus herramientas eléctricas, lo cual es una excelente idea para familiarizarse con ambas. Por otro lado, algunos carpinteros también ven las herramientas eléctricas como una limitación porque las herramientas manuales son más precisas y permiten realizar cortes más exactos. Para este argumento, usted tendrá que decidir hasta qué punto esto es cierto, y esto probablemente se verá a través de su estilo de trabajo con la madera. En primer lugar, veremos algunas de las herramientas manuales esenciales que puede considerar comprar antes de pasar a la seguridad y las limitaciones de estas herramientas.

Mientras que el otro párrafo debería haberle mostrado que las herramientas manuales tienen algunos grandes beneficios y le ha proporcionado alguna información sobre cómo utilizarlas correctamente, esto examinará las herramientas eléctricas que debería estar pensando en adquirir como aspirante a carpintero. Veremos las ventajas de poseer una sierra circular, una ensambladora y una mesa de fresado, así como la forma de utilizarlas con seguridad. Cuando termine de leer este libro, deberá conocer todas las herramientas, las eléctricas y las manuales. Esto nos permitirá centrar el resto de este libro en lo que puede hacer con estas herramientas una vez que las tenga a su disposición.

La sierra circular

Una sierra circular y una sierra de mesa funcionan de forma similar, con la diferencia significativa de que la sierra circular le costará mucho menos que una sierra de mesa. Cuando usted está utilizando una sierra circular, usted va a desear cerciorarse de que usted tiene una tabla que usted pueda utilizar para cortar la madera. Usted no va a utilizar esta sierra correctamente solamente porque usted no tiene una tabla debajo de ella que estabiliza y que mantiene la madera en el lugar. Con la hoja de sierra encendida y el cable de alimentación enchufado, alinee la hoja de sierra con la línea que ha medido y que está colocada en el punto exacto donde hay que cortar la madera. Es posible que quiera alinear la sierra con la madera antes de encender la hoja porque esto le proporcionará la mayor precisión. Una vez que encienda la hoja, asegúrese de que una mano está en el mango de la sierra, mientras que la otra sostiene la madera firmemente en su lugar. Empuje la hoja a través de la madera hasta que las dos piezas se separen. Dependiendo de para qué vayas a utilizar la madera, es posible que quieras lijar los bordes de la pieza que estés utilizando una vez que hayas terminado de usar la sierra circular. Como apunte, hay dos tipos de cortes que pueden realizar las sierras circulares. El primer corte se conoce como corte transversal. Un corte transversal va a través de la veta de la madera, mientras que el corte al hilo va con la veta de la madera. El coste medio de una sierra circular es de unos 40 dólares.

En cuanto a la seguridad de la sierra circular, hay que decir más que la de las herramientas manuales. Usted debe asegurarse de que usted está adhiriendo a las siguientes directrices cuando se utiliza una sierra circular:

- Asegura tu ropa para que no cuelgue nada, y haz lo mismo con cualquier joya o pelo largo

- Utilice protección para los ojos y los oídos. La protección de los ojos es increíblemente esencial ya que las partículas sueltas de madera probablemente se desprendan de la madera y vuelen libremente en el aire

- Asegúrese de que no hay una gran parte de la hoja que cuelgue de la propia sierra. Sólo un cuarto de pulgada de la hoja debe estar suspendida de la sierra.

- Compruebe la protección de la cuchilla antes de encenderla para asegurarse de que funciona

- Como protección adicional, utilice una pinza para mantener la madera que está cortando contra su superficie de trabajo para que pueda utilizar ambas manos para guiar la madera en lugar de una sola mano

Un carpintero

La resolución principal es tomar el borde áspero de una pieza de madera y dejarlo plano. No es lo mismo que una lijadora, porque por "plano" no debe interpretarse que la tabla quedará lisa. En cambio, la ensambladora va a garantizar que la pieza de madera en sí sea plana. Por ejemplo, si usted colocara un nivel sobre la pieza de madera en la que acaba de realizar una junta, el nivel indicaría que la pieza de madera está nivelada. Si bien es cierto que no se necesita una ensambladora cuando se empieza a trabajar la madera porque se tiene la opción de comprar madera pre-nivelada en la tienda local de artículos para el hogar, esta madera suele ser barata y no va a ser la mejor para construir. Para poner en perspectiva la eficacia de una ensambladora, veamos un dato rápido. Un obrero cualificado tarda aproximadamente media hora en aplanar un trozo de madera que se vende en la tienda. En cambio, una ensambladora sólo tarda unos minutos en aplanar la madera por usted.

Como puede percibir en la imagen anterior, el objeto a la derecha de la madera es el tope. Esto se debe a que se puede ajustar en función de lo completa que sea tu pieza de madera y de si buscas aplanar el borde ancho o el borde fino de la pieza de madera en cuestión. Las dos palas que también puedes ver en la foto. Se utilizan para arrastrar la madera a lo largo de la hoja entre el borde de la ensambladora y la guía. Como ya vimos con algunas de las otras herramientas de las que ya hemos hablado en este libro, es posible que tengas que arrastrar la pieza de madera hacia delante y hacia atrás a lo largo de la hoja hasta alcanzar la planitud deseada. Es importante entender que la noción de presión es esencial cuando se utiliza la ensambladora. Si ejerces demasiada presión en una zona concreta de la madera, vas a provocar que la planitud de la tabla se eleve, lo que provocará que nunca puedas conseguir que la tabla quede del todo bien.

Las precauciones de seguridad más importantes que debe seguir al utilizar una ensambladora tienen que ver con sus oídos y sus manos. Es conveniente que invierta en unas orejeras antes de utilizar este equipo para no dañar su oído. Además, asegúrese de resistir la tentación de utilizar la ensambladora sin las palas que se suministran con el equipo. Por último, es conveniente que compruebe la profundidad del corte que va a realizar antes de encender la máquina. Así evitará caer en una situación en la que intente ajustar la profundidad del corte mientras la máquina está en marcha y se haga daño. Una ensambladora puede costar desde 44 dólares hasta

1.000 dólares. Una vez más, puede ser una buena idea invertir en el lado más barato cuando se está empezando.

Una mesa de fresado

Podría decirse que una mesa de fresado es más versátil que una ensambladora porque puede conseguir el mismo resultado que una ensambladora, pero sólo para el lado delgado de la madera. Una mesa de fresado puede dar forma a bordes y curvas decorativas, formar estructuras elevadas en la propia pieza de madera, recortar ranuras y hendiduras, crear molduras para puertas e incluso crear puertas. Algunos carpinteros consideran que la mesa de fresado es la herramienta más versátil de su taller de carpintería. Como puede ver en la imagen de arriba, una cubierta de plástico para el polvo también le protege de los desechos y las cuchillas. Aunque algunas personas le dirán que una fresadora portátil o una fresadora de corte es la mejor opción para que la compre un principiante, la realidad es que este tipo de herramientas no le van a dar el mismo resultado que una mesa de fresado. La mesa de fresado es más estable que los otros tipos de fresadoras que puedes comprar, por eso este libro te aconseja que inviertas en una mesa. Veamos un ejemplo que demostrará cómo puede utilizar mejor una mesa de fresado. Usted quiere crear una moldura para su piso porque la moldura que quiere ya no está en stock. Al decidir cómo puede lograr esto, primero tendría que averiguar qué tipo de broca va a poner en el espacio para cuchillas de la mesa de fresado.

Como puedes ver en la imagen, hay una pequeña abertura en el centro de la mesa donde se asienta la cubierta de plástico. Es donde van a ir las diferentes brocas. Algunas de las brocas más comunes son las brocas rectas, las brocas para rebajar y las brocas para rebajar.

Una vez que sepas qué tipo de broca vas a utilizar, el siguiente paso será colocar la madera en la mesa de la fresadora. Hay un pequeño interruptor a la derecha de la mesa en la imagen de arriba que vas a tener que encender. A continuación, desliza la madera contra los lados de la mesa de la fresadora para que quede uniforme, empujándola hacia la broca giratoria que tienes colocada. Diseñará la madera según la forma de la broca pequeña de la máquina. Para nuestro ejemplo, ya que has decidido crear una moldura, vas a querer empujar ambos lados de tu madera previamente medida a través de la mesa de la fresadora para que ambos lados de la madera tengan el efecto deseado que buscas. Si sólo te interesara cortar un lado de la tabla en la mesa de la fresadora, tendrías que utilizar una sierra circular después de haber terminado de crear la pieza de adorno para cortar la pieza de madera a la longitud que deseas.

Una mesa de fresado puede costar entre 70 dólares y unos 1.600 dólares. Las precauciones de seguridad que rodean a la mesa de fresado incluyen la idea de que se debe utilizar una paleta para acercar la madera a la broca dentro de la mesa. Las gafas de seguridad y la protección de los oídos también son imprescindibles.

Herramientas para trabajar la madera

La mejor manera de ver tus herramientas es como un cuerpo ampliado. Te dan todo tipo de fuerza extraordinaria y amplían enormemente tu capacidad creativa. Sin embargo, todo esto no ocurre automáticamente. Sólo es válido si sabes cómo funcionan las herramientas y cómo debes trabajar con ellas. Sin embargo, tratamos con madera, por lo que es necesario aprender cómo se comunican las herramientas con la madera. Cuando se trabaja con herramientas manuales, esta necesidad es inmediatamente más evidente, pero no menos precisa porque se añade potencia.

Si quieres ampliar tus habilidades, tendrás que desarrollar tus capacidades. La materia prima que necesitas es una herramienta nueva -incluso una buena- recién sacada de la caja. Debe, como podría hacer con un cepillo de mano, afilarlo, ajustarlo y ponerlo a punto. O, como podría tener que hacer con una sierra de mesa antes de que pueda realizar los diferentes trabajos que necesita, puede que tenga que ser levantada, equilibrada y dotada de un trineo de corte transversal, una plantilla o una hoja de ranurado. En cualquier caso, una herramienta nueva recién sacada de la caja no es tan diferente de un ordenador nuevo; el ordenador puede ser emocionante y fresco, pero hasta que no se instale el software y se importen los datos, no hará lo que tiene que hacer.

Herramientas de mano

Las herramientas de mano son las más fáciles de conseguir cuando se empieza a trabajar la madera, ya que suelen estar disponibles en el hogar y son baratas. A continuación se indican algunas de las herramientas de mano esenciales de las que debe constar un kit básico para trabajar la madera.

Martillo

El martillo de garra es quizás la más reconocible de todas las herramientas para trabajar la madera. No sólo permite clavar clavos en piezas de madera, sino también extraerlos utilizando el extremo con garras. El extremo con garras también sirve de contrapeso para mantener el equilibrio de la cabeza del martillo. También puede resultar útil para otras tareas.

El peso es una consideración importante a la hora de comprar martillos. Una cabeza más maciza significaría una fuerza más potente en cada golpe del martillo, lo que facilitaría el clavado. Sin embargo, también puede resultar un poco más difícil de controlar. Otra consideración importante a la hora de comprar un martillo es el tamaño del mango: cuanto más largo sea el mango, más rápido se podrá mover el martillo, aumentando la fuerza. El peso preferido de un martillo de orejas es de unos 450 gramos.

Sierra de mano, sierra circular y sierra de corte transversal

La sierra de mano es otra herramienta manual que se asocia casi universalmente con el trabajo de la madera. E incluso con la llegada de herramientas eléctricas como la sierra de calar y la sierra circular, muchos carpinteros experimentados consideran que es imprescindible tener al menos dos sierras de mano diferentes incluidas en su juego de herramientas.

Sierra de corte transversal

Se da la circunstancia de que hay varias sierras de mano diferentes. Los dos tipos esenciales que hay que tener en un kit de iniciación son la sierra de corte al hilo y la sierra de corte transversal. Las diferencias principales son la forma de cortar la madera: la sierra circular corta a lo largo de la veta, mientras que la sierra circular corta a lo largo de la veta. Además, tenga en cuenta que el número de dientes (denominados dientes por pulgada/TPI) determina qué sierra debe utilizarse para cortar un tamaño concreto de madera. Las sierras con un TPI más alto son adecuadas para las maderas más pequeñas, mientras que un TPI más bajo es útil para realizar cortes más agresivos en maderas más grandes.

Cinta métrica

La precisión es crucial cuando se trabaja en un proyecto de madera, ya que se desea que cada pieza sea exacta a las dimensiones especificadas para asegurar el ajuste correcto. En este caso, se prefiere una cinta métrica en lugar de una regla, ya que es mucho más compacta y se puede llevar fácilmente a donde se necesite. Una cinta métrica retráctil de 25 pies será ideal, ya que cualquier cosa más larga puede hacer que el mecanismo de retracción no funcione correctamente.

A la hora de comprar la cinta métrica, es esencial comprobar la solidez del gancho en el extremo. Cuando este gancho se afloja, puede deslizarse ligeramente fuera de su sitio, lo que puede hacer que tus mediciones se desvíen hasta un octavo de pulgada, lo que puede arruinar mucho la precisión. Además, no dejes que la cinta se enrolle con demasiada fuerza para no dañar la lengüeta.

Destornillador

Los tornillos son útiles cuando se quiere desmontar fácilmente las piezas unidas. Sin embargo, pueden ser un verdadero dolor de cabeza cuando se carece del destornillador del tamaño adecuado para el trabajo. Un buen juego de destornilladores debe incluir los tamaños más comunes de tornillos de cabeza plana y de estrella. Aunque es menos común, también sería útil tener algunos destornilladores de estrella y destornilladores de punta para estos tipos.

A la hora de decidir qué juego de destornilladores comprar, tenga en cuenta el ámbito de trabajo que piensa realizar. En el trabajo de la madera, donde la mayoría de los tornillos que probablemente utilizará son del tipo Phillips estándar y de cabeza ranurada, la preferencia se inclina más por estos últimos. Consiga un juego que utilice cabezas de broca acampanadas, que tienen la anchura exacta de los tornillos que piensa utilizar para no dañar la madera al poner y quitar los tornillos.

Cincel

El cincel es probablemente una de las herramientas manuales esenciales más olvidadas, ya que se asocia más a menudo con la talla de madera. Sin embargo, el cincel puede ser una pieza versátil, ya que se puede utilizar para limpiar juntas y cortes de sierra. Además, puede utilizarse para tareas tan novedosas como separar dos piezas unidas entre sí.

A la hora de comprar cinceles, sería buena idea hacerse con varios tamaños diferentes. Elija los que estén hechos de acero de aleación de alto carbono o de acero de aleación de cromo-vanadio, ya que resistirán el desgaste durante mucho más tiempo. Además, adquiere los que tengan empuñadura de madera dura con tapones metálicos en los extremos, ya que aguantan bien los golpes de martillo.

Plano de mano y plano de bloque

Aunque los principiantes a veces pasan por alto el cepillo de mano, es una de las herramientas esenciales que debe tener un kit de iniciación a la carpintería, ya que se utiliza no sólo para alisar la madera, sino también para darle forma según las necesidades y recortarla para que se ajuste a las medidas. Un cepillo de bloque es el punto de partida adecuado para los principiantes. Probablemente se sorprenderá al saber que es una buena idea adquirir cepillos de bloque más antiguos, ya que la calidad del acero utilizado para las piezas suele ser mayor.

Otro buen cepillo que se puede adquirir es el cepillo de pala. Este tipo de cepillo es útil cuando se trata de tablas que son más anchas que el cepillo de bloque. También es útil para alisar la cara de una tabla alabeada que es demasiado grande para ser manejada por un ensamblador de caras (una herramienta utilizada para limpiar tales defectos de la madera).

Herramientas eléctricas

Las herramientas eléctricas están diseñadas para realizar las tareas cotidianas de carpintería de forma más rápida y sencilla. Estas herramientas se presentan en dos variedades diferentes: las herramientas con cable, en las que hay que enchufarlas a una toma de corriente, y las herramientas sin cable que tienen su paquete de baterías. Casi todas las herramientas eléctricas vienen con un surtido de accesorios, que les permiten hacer el trabajo de varias herramientas diferentes.

Sierra circular

Aunque a veces se considera que la sierra circular es más bien una herramienta de carpintería, también se ha vuelto indispensable para el oficio de carpintero. La sierra circular permite al carpintero realizar cortes que pueden ser difíciles de conseguir con una sierra de mano normal. También puede cortar con precisión utilizando pinzas para sujetar la pieza, lo que es ideal para tratar con madera contrachapada o tableros de fibra.

En el caso de la sierra de mano, el número de dientes es fundamental a la hora de adquirir una sierra circular y una hoja de sierra. Una hoja con más dientes produce cortes más delicados, lo que es ideal para hacer cortes precisos. Mientras tanto, una rueda más gruesa con menos dientes es adecuada para cortar rápidamente piezas más grandes. La altura es otro punto a tener en cuenta a la hora de elegir sierras circulares. Adquiera una que tenga un rango de altura que le permita cortar piezas para proyectos con comodidad.

Jigsaw

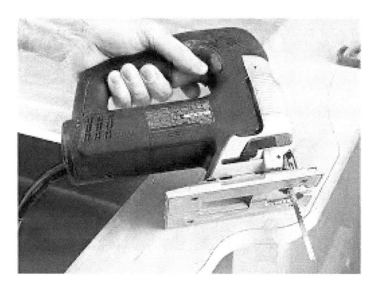

Cortar curvas en piezas de madera suele ser una tarea difícil de realizar cuando se utilizan sierras normales. Una sierra de calar facilita el trabajo al darle un mejor control para guiar la dirección del corte. Una de las características que debe tener una sierra de calar es la acción orbital. A diferencia de las sierras de calar estándar, que simplemente mueven la hoja hacia arriba y hacia abajo, las sierras de calar de acción orbital inclinan la hoja hacia delante, clavándola en la madera en el movimiento ascendente para producir un corte más suave. Tenga en cuenta que esta característica suele ser más común en las unidades más caras, pero aún así la encontrará.

También debe tener en cuenta la profundidad de corte de la sierra de calar. Para aplicaciones de carpintería, la profundidad de corte recomendada es de unos 5 cm. Si bien puede obtener una unidad que pueda proporcionar una mayor profundidad de corte para otros fines, tenga en cuenta que dichas hojas serían más propensas a doblarse y romperse.

Sierra de mesa

Para muchos principiantes, la sierra de mesa sería su primera adquisición importante para el taller, ya que es donde se centrará gran parte del trabajo. Una sierra de mesa le permite cortar grandes piezas de madera y recortar con precisión piezas más pequeñas a la medida. Muchas sierras de mesa también vienen con componentes que le permiten cortar el espesor variable de la madera en los ángulos deseados.

A la hora de elegir su primera sierra de mesa, es esencial tener en cuenta las características que desea tener, así como las que espera utilizar realmente. A partir de ahí, podrá reducir su selección a aquellos modelos que se ajusten a su presupuesto y que, al mismo tiempo, ofrezcan la mayoría, si no todas, de estas características.

Taladro eléctrico

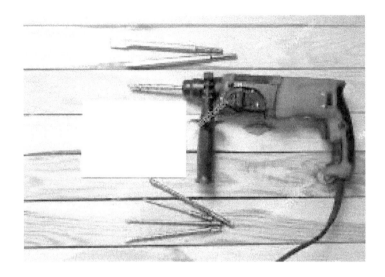

Al igual que el corte, la perforación de agujeros es otra de las tareas más comunes. En este caso, probablemente se sorprenderá al saber que un taladro eléctrico con cable será una mejor recomendación que uno inalámbrico. Esto se debe principalmente a que los taladros con cable son menos costosos y proporcionan una potencia constante durante mucho más tiempo.

Cuando revise los taladros eléctricos disponibles, busque una empuñadura cómoda para facilitar el manejo. Adquirir uno que tenga una función de acción inversa añadirá versatilidad a la herramienta. Asegúrate de que las brocas sean compatibles con tus otras herramientas, como destornilladores y llaves inglesas.

Router

La fresadora es una herramienta eléctrica versátil que los principiantes encontrarán útil para una gran variedad de tareas. Un modelo fijo es una buena opción para los principiantes, ya que realizará la mayoría de las tareas con eficacia. Elija una unidad con al menos 2 CV de potencia, que tiene suficiente poder para manejar brocas más grandes.

Otra característica que hay que comprobar más detenidamente es el diámetro de la boquilla de la fresadora. Una boquilla de ¼ de pulgada de diámetro sería una buena elección para los principiantes, ya que las brocas de este diámetro son mucho más fáciles de encontrar y más baratas. Una vez que tengas más experiencia con la fresadora, puedes cambiar a la variante de ½ pulgada, que es más estable y produce menos vibraciones.

Lijadora orbital aleatoria

De todas las tareas de carpintería, el lijado es una de las más arduas, ya que probablemente pasará horas para conseguir la suavidad deseada en la superficie de la madera. La lijadora orbital aleatoria hace que esta tarea sea menos tediosa a la vez que libera sus manos de todo el dolor de tener que frotar el papel de lija sobre la madera vigorosamente. Otro aspecto positivo de la lijadora orbital aleatoria es que reduce la aparición de marcas de lijado perceptibles, ya que se mueve con un movimiento aleatorio en lugar de un patrón definido.

CONCLUSIÓN

Gracias por leer todo este libro!

Este libro abarca cómo puedes mantener tu habitación ordenada y acogedora. Para mantener tus cosas en tu mesa de estudio. Para mantener tu espacio cómodo, aprendiste a hacer un sofá y una cama cómodos. Además, este libro te ha guiado para hacer un rincón de estudio con palets. Por otra parte, también aprendiste a utilizar diferentes proyectos de carpintería para mantener tu casa ordenada. Por ejemplo, supiste cómo hacer estanterías de madera para guardar tus libros correctamente, y aprendiste a hacer un zapatero para mantener tus zapatos en un solo lugar.

También aprendiste a hacer percheros para mantener tu ropa y tus abrigos en un solo hogar.

Por lo tanto, este libro habla de todos los proyectos de carpintería para hacer muebles excitantes que pueden satisfacer las necesidades de su hogar. Siguiendo estos proyectos de carpintería, usted puede hacer cada rincón de su casa hermosa, ya sea su dormitorio o habitación de invitados, su patio o la entrada, su cocina o un comedor, y así sucesivamente. Cortando la larga historia de forma concisa, estos proyectos para trabajar la madera son menos costosos y fáciles de intentar. Aquellas personas a las que les gusta el trabajo con alimentos pueden encontrar este libro perfecto. Un libro de carpintería es útil también para los principiantes. Porque los consejos sencillos pueden ayudarles a realizar las tareas de carpintería de forma adecuada, así que no pierda su tiempo y comience los proyectos de carpintería ahora mismo. Si encuentra algo interesante y útil en el libro electrónico de carpintería, no se olvide de compartirlo con sus amigos y familiares.

Así que sal ahí fuera y sumérgete en ese océano para hacer los proyectos más geniales, más únicos y más **tuyos** que puedas. Luego, expóngalos al mundo. Enséñalos a tus amigos y familiares. Regálalos a amigos y familiares. Véndelos en ferias de artesanía y hazte un nombre para que la gente te haga encargos específicos. Cuando lo hagas, descubrirás que esta habilidad es divertida y también lucrativa.

Hagas lo que hagas, no olvides divertirte y disfrutar del olor de una tabla recién cortada.

Gracias por haber llegado hasta el final de este libro. Mantente seguro, sigue trabajando y diviértete.

Ya ha dado un paso hacia su mejora.

Mis mejores deseos.

Lightning Source UK Ltd.
Milton Keynes UK
UKHW010654240621
386081UK00010B/499